自治体の
ふるさと納税
担当になったら読む本

元 平戸市職員　　元 北本市職員
黒瀬啓介・林 博司 [著]

学陽書房

はじめに

　美味しいお肉、お魚、お米やお酒で寄附額が〇〇億円になった。面白い返礼品が多くのメディアに取り上げられた。寄附を活用して地域の将来に繋がる事業ができた。税金が流出していて迷惑だ。職員が不正を行い、制度から除外された。国と自治体で制度に関する裁判が起こっている。議員から寄附額増額に向けた取組みについて議会で質問が出されている……。

　自治体業務には珍しく、社会的な話題に事欠かないふるさと納税業務。良くも悪くも注目を浴びやすい業務の担当者になったあなたは、不安な気持ちでいっぱいなのではないでしょうか。

　著者の2人も最初は全く同じ状況からスタートしました。

　制度のことを詳しく分かっていないのに全国の寄附者から問い合わせが多数来る。返礼品提供事業者から返礼品の採用基準を問いただされる。どのように全国の方に自分のまちや返礼品に興味を持ってもらい、寄附を募っていいか分からない。

　手探りの中で、可能な範囲で努力を続ける日々。膨大な事務作業に追われ、また、問い合わせ対応もしなくてはならないので、デスクワークの日々が続くでしょう。右も左もわからぬままもがき苦しむ中で、次第に制度を理解し、どのように共感を得るプロモーションを行えばよいかのノウハウが蓄えられていく。少しずつ結果を残せていくと、次第に全国で同様に頑張る職員や事業者と繋がることができ、さらにノウハウが貯まっていく。そこまで来て、ようやく大変さより、楽しさややりがいが大きくなっていく。ふるさと納税はそんな業務だと思います。

　ふるさと納税を通して、地域の事業者が新たな挑戦を行い、今ま

で地元のみで喜ばれていた商品が全国に、世界に羽ばたいていく。いただいた寄附金を子育て施策に活用し、子ども達の笑顔がまちに溢れるなど素晴らしい側面もたくさん見てきました。

　しかし、自治体職員の方とお話をしてみると、自分のまちには可能性がないと諦めてしまっている方も多いように感じます。コロナ禍でふるさと納税に関する研修やイベントが減ったこともあり、担当者同士のネットワーク形成ができないため、コロナ禍前後でふるさと納税担当となった方々は孤独に奮闘されていることも多いでしょう。

　しかし、どんな方でも、最初からある程度、制度に関する知識や、業務のノウハウを知っていれば、いち早く、苦しい手探りのフェーズから抜け出し、ふるさと納税のポジティブな面を活用して、自分のまちや事業者に光を当てることができる。そのような思いから、自治体ふるさと納税担当者に向けた本書を執筆しました。

　この本を読んでいただければ、ふるさと納税制度、制度の変遷、ふるさと納税業務の内容や改善方法、スケジュール、効果的なプロモーション、寄附金の使い道、ふるさと納税に関わる全国の素晴らしい事例を知ることができ、ふるさと納税という特殊な業務のポジティブな可能性を大いに感じていただけるはずです。

　少しでも多くのふるさと納税関係者に本書を手に取っていただき、ふるさと納税制度が誰からも愛され、日本全体に光を当てる制度になっていくことを心から願います。

2023年3月吉日

黒瀬啓介・林博司

目次

はじめに --- 2

1章

ざっくりわかる！
ふるさと納税担当の仕事

1-1 ふるさと納税担当の仕事って？ ------------------ 10

1-2 ふるさと納税制度のしくみ・理念 -------------- 12

1-3 日常＆時期ごとの業務リスト ----------------- 14

1-4 ３ヶ月の繁忙期と年間スケジュール ------------ 18

1-5 業務に役立つ３つのスキル -------------------- 22

2章

ここは押さえる！
ふるさと納税制度のしくみ

2-1 制度の変遷と「競争」ではない目的 ------------- 26

2-2 | 住民から見た制度のしくみと目的 ------------------------ 28

2-3 | 指定取消を防ぐ総務省の基準の要点 -------------------- 32

事例 | 寄附者から見たふるさと納税（北本市）---------------- 38

3章
基本的な事務作業！日々の定型業務

3-1 | 管理システムの導入・運用 ----------------------------- 42

3-2 | 寄附受付・よくある問い合わせ ------------------------ 46

3-3 | 他自治体に差をつける発行業務 ------------------------ 50

3-4 | 寄附者目線の発注・配送管理 -------------------------- 54

3-5 | ワンストップと基金処理の流れ ------------------------ 58

4章
事業者＆寄附者のためになる！返礼品のポイント

4-1 | 地域を安売りしない返礼品 ----------------------------- 62

4-2 返礼品提供事業者・生産者との向き合い方 --------- 66

4-3 返礼品提供事業者・返礼品の集め方 ------------ 70

4-4 返礼品情報の掲載のコツ --------------------- 74

4-5 ①必要な構成要素を揃える ------------------- 76

4-6 ②検索結果で差をつける --------------------- 78

4-7 ③意図を持って写真を掲載する --------------- 80

4-8 ④「ヒト」を登場させ信頼感を得る ----------- 84

4-9 梱包・パッケージで魅せるポイント ----------- 86

4-10 事業者向け勉強会・視察の実施 -------------- 90

事例 ふるさと納税をきっかけに海外進出（平戸市）------------- 94

5章

その場限りにしない！
寄附者との関係づくり

5-1 ふるさと納税と地域のファンづくり ------------- 98

5-2 地域のファンづくりのポイント ---------------- 102

事例 統一されたデザインと丁寧なアプローチ（朝日町）----- 106

5-3 | 関係人口・交流人口拡大のための寄附者向け施策 ---- 110

事例 伝統工芸の復興と新たなファン獲得へ（天童市）--------- 114

事例 県と市町で手を取り合い地域の魅力を発信（玉城町）------ 118

事例 コロナ禍というピンチをチャンスに！（臼杵市）--------- 122

事例 関係人口から地域の担い手へ（坂井市）--------------- 126

地域のためか考える！ ポータルサイト・中間事業者活用

6-1 | 各種ポータルサイトの特徴 ------------------------- 130

6-2 | ポータルサイトの導入・告示 --------------------- 132

6-3 | 中間事業者のメリット・デメリット --------------- 134

事例 域内で段階的に委託をする（北本市）--------------- 138

事例 委託から自営への切り替え（北九州市）------------- 140

事例 中間事業者を立ち上げ（合同会社くりおこ）--------- 144

ふるさと納税の本質！
未来を見据えた寄附金の使い道

7-1 ┃ 使い道・未来への投資先を考える ------------------ 148

事例 制度による地域づくり「NPO等指定寄附金」(佐賀県) ----- 152

事例 市民3原則のふるさと納税(坂井市) ---------------- 156

事例 島の未来に投資する未来共創基金(海士町) ------------ 160

7-2 ┃ プロジェクトに寄附する ---------------------- 164

事例 市民提案型でプロジェクトを決定(北本市) ------------ 166

事例 台風被害にあった事業者を支援(南房総市) ------------ 170

おわりに　執筆を終えて著者2人の対談 ------------------ 174

1章

ざっくりわかる！

ふるさと納税
担当の仕事

1-1

ふるさと納税担当の仕事って？

ふるさと納税の仕事って？

　ふるさと納税の世界へようこそ！　ふるさと納税の仕事と聞いて、みなさんはどんな仕事を思い描きますか？

　おそらく、「寄附金を集める」ということが真っ先に思い浮かんだ方が多いのではないかと思います。確かに、2021 年度には 8,302億円にまで膨れ上がったふるさと納税の市場は、自主財源に乏しい多くの自治体にとって魅力的です。また、業務上のミッションとして「○億集めろ」というお題が出ている職員の方も多いでしょう。

　とはいえ、はじめてふるさと納税担当になった場合、「寄附金を集めるぞ！」と能動的に考えて頑張るというよりは、前任の方から業務を引き継ぎ、右も左もわからない中で、とりあえず寄附金の受付業務や返礼品の発注業務を行っていることでしょう。しかし、ふるさと納税の仕事はもっと多岐にわたるものです。

　そして、多くの職員が**「こんな仕事はしたことがない」と口を揃えて言うほど特殊な業務**です。また、「この業務が楽しすぎて異動したくない」という声もたくさんある、**魅力的な業務**でもあります。

ふるさと納税の 4 つの柱

　では、実際にふるさと納税の仕事にはどのようなものがあるのでしょうか。ふるさと納税の仕事を大きく分類すると、4 つの柱があります。

① 財源確保
　寄附金の受付業務、イベントへの出展や Web 広告などによる、ふるさと納税の PR 業務など

→多くの自治体が寄附金の最大化を目指しています。

② 産業振興

　商品開発、テストマーケティング、返礼品に係る問い合わせ対応、配送管理、返礼品提供事業者の開拓など

→返礼品の受発注を通して地場産業のPR、底上げにつながります。

③ 寄附の使い道（使途）

　未着手事業等への投資、財政部署及び各部署との使途調整、市民公募による使途、ガバメントクラウドファンディングの企画、実施など

→集められたお金を使い、地域課題の解決を図ります。ふるさと納税は寄附制度ですので、ここが最も重要な部分です。

④ ファンづくり

　返礼品の送付、既存寄附者へのファンミーティング、ポータルサイト等が手がけるイベントへの出展、寄附金の使途報告など

→ふるさと納税を通して寄附者との関係性づくりを行い、関係人口・交流人口[※]の拡大を図るという側面もあります。

※「関係人口」とは、移住した「定住人口」でもなく、観光に来た「交流人口」でもない、地域と多様に関わる人々を指す言葉（総務省関係人口ポータルサイトより）

　このようにふるさと納税業務と一口に言っても、たくさんの仕事があります。寄附金の受付、返礼品の受発注は、ふるさと納税の業務の柱ではなく、基礎の業務です。自治体やふるさと納税担当者ごとに、この4つの柱への力の入れ具合は異なります。賛否両論のある制度ですが、ふるさと納税は地方創生、**地域活性化の起爆剤になり得る可能性を秘めた制度**です。

　ですが、その**運用次第では、地域に悪影響を及ぼす危険**も孕んでいます。

　この制度への正しい認識をしっかりと持ち、単なる寄附集めに終始しないよう気をつけながら、ふるさと納税業務に携わっていただきたいと思います。

1-2

ふるさと納税制度のしくみ・理念

ふるさと納税の3つの意義

総務省ふるさと納税ポータルサイト

まずはふるさと納税の理念についてしっかりと読み解いていきましょう。総務省ふるさと納税ポータルサイトには、ふるさと納税には大きく3つの意義があるとして、下記の通り記載されています。

- ・第一に、納税者が寄附先を選択する制度であり、選択するからこそ、その使われ方を考えるきっかけとなる制度であること。

  それは、税に対する意識が高まり、納税の大切さを自分ごととしてとらえる貴重な機会になります。
- ・第二に、生まれ故郷はもちろん、お世話になった地域に、これから応援したい地域へも力になれる制度であること。

  それは、人を育て、自然を守る、地方の環境を育む支援になります。
- ・第三に、自治体が国民に取組をアピールすることでふるさと納税を呼びかけ、自治体間の競争が進むこと。

  それは、選んでもらうに相応しい、地域のあり方をあらためて考えるきっかけへとつながります。

自治体の意志と寄附者の意志のマッチング

同サイトでは、さらにこう続きます。

> さらに、納税者と自治体が、
> お互いの成長を高める新しい関係を築いていくこと。
> 自治体は納税者の「志」に応えられる施策の向上を。
> 一方で、納税者は地方行政への関心と参加意識を高める。
> いわば、自治体と納税者の両者が共に高め合う関係です。
> 一人ひとりの貢献が地方を変え、そしてより良い未来をつくる。
> 全国の様々な地域に活力が生まれることを期待しています。

　ここでお気づきになった方も多いかと思いますが、この3つの意義の中で**「返礼品」には全く触れていません。「寄附金の使い道」を最も重要視している**ことがわかります。

　このように、ふるさと納税はあくまで「寄附」制度です。「自治体側はどのようなまちづくりをしていくのか」という「意志」を広く国民に対して示し、寄附者においては、自治体のその「意志」を汲み取り、寄附という形で貢献する、いわば意志と意志のマッチングプラットフォームであるともいえます。

　しかしながら、現状、国が求めていた自治体間競争は返礼品合戦となってしまっており、寄附者からは節税対策、返礼品がもらえるお得な制度という認識がなされています。全ての自治体ではありませんが、多くの自治体にとって、ふるさと納税制度が返礼品を通して寄附金を集めるだけの制度になってしまっている点は否定できません。

日常＆時期ごとの業務リスト

ふるさと納税の仕事の全体像を把握しよう

　ここまで読んで、ふるさと納税の意義について、少しご理解いただけたかと思います。

　また、「多くの自治体で、そもそもの制度趣旨と異なった運用がされているかもしれない……」という問題意識を持たれた方もいらっしゃるかもしれません。とはいえ、まずは日々の業務を覚えることから始めていく必要があります。そこで、ここでは具体的な自治体職員の業務項目を見ていきます。

　全て自治体職員が自前で行っている場合もあれば、ほとんどの業務を外部委託している場合もあるので、業務量に関しては、各自治体によって異なります。しかし、自治体ふるさと納税担当者としては、どんな場合も全体像を把握しておく必要があります。

　ふるさと納税業務は非常に多岐にわたります。外部委託をせずに、職員が業務を行っていた埼玉県北本市の事例を基に、各業務項目の実施概要を見てみましょう。

主な日常業務リスト

① 寄附受付処理
・礼状・納付書作成、封入、送付（クレジットカード決済をはじめとした電子決済以外の場合）

② 寄附者情報管理
・住所変更対応

③ 各種証明書発行業務
・寄附金受領証明書、ワンストップ特例申請書の発行及び郵送

④ 返礼品事業者発注・配送管理

・配送伝票発行指示
・返礼品発注リスト作成、各事業者へメール（FAX）
・住所変更対応
・伝票未発行対応
・配送漏れの確認
・定期的に配送内容の確認

⑤ 返礼品事業者への支払業務

・請求書受取
・管理システムとの突合
・伝票処理

⑥ 支援業務委託者への支払業務

・各ポータルサイト（毎月）
・各決済代行会社（毎月）
・その他事務委託（1年に1回）

⑦ 収入処理

・調定票起票
・各サイトへの入金日入力

⑧ 既存事業者・返礼品対応

・既存返礼品の内容調整
・写真撮影等、返礼品ページ改善に向けた取組み
・その他情報（メルマガ、新着情報）追加

⑨ 新規事業者開拓・採用

・事業者説明会
・参加促進チラシ作成、配布
・個別での事業内容説明、ヒアリング
・提案書作成補助
・個人情報保護の取り決め
・納税状況の確認

⑩ 新規返礼品登録

・各ポータルサイトへの登録

・ふるさと納税管理サイトへの登録

・写真撮影、取材

・サイト記事作成

⑪ 新規ポータルサイト開設

・サイト運営事業者との調整

・返礼品登録

・基本情報登録

・ふるさと納税管理システムへの登録

⑫ 寄附管理システム運用

・返礼品、事業者情報アップデート作業

・新機能活用

⑬ ワンストップ特例申請書受付

・受付処理

・申請書の保管

・申請書チェック

・修正入力

・読み合わせ

⑭寄附者からの問い合わせ対応

・問い合わせへの随時対応（返礼品の発送状況、ワンストップ申請の受付状況、寄附上限額等の問い合わせが多い）

・返礼品事業者との対応調査

⑮ プロモーション

・寄附者向けふるさと納税情報誌定期発行

・寄附者向けメール配信

・特設サイト・SNS 等を活用した情報発信

・新聞折り込み・Web 広告の実施

・ポータルサイト実施企画への参加

・ポータルサイト特集記事の作成

⑯ その他
・返礼品基準該当確認（随時）
・返礼品、ポータルサイト手数料・送料等予算管理
・寄附者向け市内ツアー実施
・ふるさと納税型クラウドファンディング実施
・楽器寄附ふるさと納税管理
・事業者との先進地視察

時期ごとに発生する業務

① 国、県等照会対応
・寄附額調査（年4回／4月、7月、10月、1月）
・ふるさと納税に関する現況調査（年1回／5月）
・ふるさと納税指定制度に係る申出書の提出（年1回／7月）

② 予算編成
・寄附額の増減を見て補正予算計上
・来年度予算編成作業
・来年度予算にかかる寄附金の使い道検討

③ 基金の繰入れ・積立て
・充当事業に寄附金を充てるための基金からの繰入れ
・当該年度寄附金の基金への積立て

POINT >>> **担当職員は全業務を理解しよう**

ふるさと納税業務は多岐に渡るため、全ての業務を把握することは難しいです。しかし、ここをおざなりにすると、現在行っている業務内容が適切か、委託料が費用対効果の面で問題ないか誰も判断できなくなってしまいます。

3ヶ月の繁忙期と年間スケジュール

スケジュールは自治体の特徴によって異なる

　前項では具体的な業務項目について見てきました。ここではさらに、ふるさと納税業務の1年の大まかな流れを、埼玉県北本市の事例を基にご紹介します。外部委託はせず、自治体職員のみで業務を実施した場合の年間スケジュールです。

　返礼品に生鮮品や季節ものが多い場合など、自治体によってスケジュールは異なりますので、あくまでも参考としてご覧ください。どの自治体も共通なのは、寄附が多い11・12月とワンストップ申請処理を行う1月はとても忙しくなることです。嬉しい悲鳴ではありますが、その時期に備えしっかりと体制整備をしておきましょう。

ふるさと納税担当者の年間スケジュール（北本市参考）

① 4・5月（寄附件数：少）

・既存ポータルサイト・決済会社との契約締結

・指定納付受託者の指定・告示

・返礼品提供事業者挨拶まわり、課題及び新規返礼品提供希望調査

・自治体広報などで、新規参加希望事業者の公募

・ふるさと納税寄附者感謝ツアーの実施など寄附者との関係性強化

・新規ポータルサイト追加等の体制検討

> 4月：ふるさと納税による寄附金受入額の調査（第4四半期分：1
> 　　　～3月）（総務省）
> 5月：ふるさと納税に関する現況調査（総務省）

② 6 ～ 8 月（寄附件数：少）

・自治体ホームページ等で昨年度寄附金の使い道の周知
・ふるさと納税返礼品提供新規希望事業者向け合同制度説明会や個別訪問説明の実施
・既存返礼品提供事業者向け返礼品等改善説明会や個別訪問アドバイスの実施
・ふるさと納税型クラウドファンディング実施希望プロジェクト募集告知

> 7 月：ふるさと納税指定制度に係る申出書の提出（総務省）
> 　　　ふるさと納税による寄附金受入額の調査（第 1 四半期分：4 ～ 6 月）（総務省）

③ 9・10 月（寄附件数：中）

・11・12 月の寄附件数増加期に向け、新規返礼品追加、ポータルサイト情報改善、寄附対応体制整備等の完了
・Web、SNS 等を活用した情報発信の強化
・過去寄附者向けプロモーション媒体の発行などリピーター獲得対策実施
・ふるさと納税型クラウドファンディング実施準備

> 10 月：ふるさと納税による寄附金受入額の調査（第 2 四半期分：7 ～ 9 月）（総務省）

④ 11 月（寄附件数：多）

・引き続き、Web、SNS 等を活用した情報発信の強化
・ワンストップに関する受付業務・問い合わせ増加への対応
・返礼品提供事業者と共に配送管理の徹底
・使い道を含めた来年度予算編成開始
・ふるさと納税型クラウドファンディング実施開始

ふるさと納税担当者年間スケジュール

	4月	5月	6月	7月	8月	9月
事業者対応	事業者あいさつ回り、新規事業者募集（広報紙等）		事業者訪問、事業者説明会実施			
プロモーション			ポータルサイト情報改善・更新			
			寄附金の使い道報告			過去寄附者への情報誌の発送
事務処理	各種契約（ポータルサイト、決済会社）／指定納付受託者の指定・告示				予算要求	
その他（主に国・県からの照会への対応）			ふるさと納税に係る現況調査	ふるさと納税指定制度に係る申出書の提出		
	寄附額調査【第4四半期】			寄附額調査【第1四半期】		

⑤ 12月（寄附件数：かなり多。1年度の半数程度が集中）

・Web、SNS等を活用した情報発信をさらに強化

・年が明けるまで増加する一方の寄附への対応

・増加する返礼品発送やワンストップに関する問い合わせへの対応

・返礼品提供事業者と共に配送管理の徹底

⑥ 1月（寄附件数：中）

・12月分寄附に関する発送管理、問い合わせ整理

・昨年分ワンストップ処理

・年末までの寄附状況を鑑み、来年度予算編成の最終決定

> 1月：ふるさと納税による寄附金受入額の調査（第3四半期分：7〜9月）（総務省）

10月	11月	12月	1月	2月	3月
	返礼品発送管理の徹底				支払い状況確認
Web、SNSでの情報発信強化					
	広告掲載				
				寄附者向けツアーの実施	
	問い合わせ対応増加時期				
			ワンストップ処理		基金の積立
寄附額調査【第2四半期】			寄附額調査【第3四半期】		

⑦2・3月（寄附件数：少）

・ふるさと納税寄附者感謝ツアーの実施など寄附者との関係性強化
・返礼品提供事業者への支払い漏れ確認等、経費精算の最終確認
・ふるさと納税寄附金の基金からの繰り入れ、積み立て作業
・来年度予算に関する議会対応
・今年度実施内容の課題整理、来年度実施方針検討

POINT >>> 12月の繁忙期を万全な体制で乗り切ろう

12月は、寄附対応、ワンストップ申請受付、返礼品発送、問い合わせ対応等業務量が大幅に増加します。その前に、ポータルサイトの改善、臨時職員の育成、他部署からの支援体制の構築など、万全の体制を整えましょう。

1-5

業務に役立つ3つのスキル

ふるさと納税担当に必要な3つのスキルとは

　ふるさと納税は、地方自治体の業務の中でも実に多様なスキルを求められる業務です。法令等に基づいて行う業務のほか、ポータルサイトに情報などを掲載するために CMS※ を利用したりするなどの IT リテラシーも一定レベル求められるほか、寄附者への問い合わせ対応などに必要なホスピタリティ、クレームなどにも折れないメンタルなど、様々なスキルが必要となります。ここでは特に必要な3つのスキルについて解説します。

　なお、以下で紹介する、②マーケティングスキルや③プロモーションスキルについては、担当になる前からそのスキルを持っている職員はほとんどいません。**多くの自治体職員がふるさと納税担当になって初めて経験している領域なので、自分には合わない、自分にはできないと思わなくても大丈夫**です。担当になってから一つずつ学んでいけばよいのです。これらを学ぶことができるふるさと納税担当者向けのセミナーなどもありますので、ご安心ください。

※「Contents Management System」の略で、ポータルサイトのコンテンツを構成するテキストや画像、デザイン・レイアウト情報などを一元的に保存・管理するシステム

① コミュニケーションスキル

　ふるさと納税では業務上、多くのステークホルダーとやりとりを行います。特に事業者・生産者とは、返礼品の開発、見直し、返礼品詳細ページの作成、受発注、配送に関する問い合わせ対応など特にやりとりすることが多く、信頼関係をしっかりと築く必要があります。また、寄附者との電話、メール、オフラインイベントなどのやりとりにおいても、**自治体担当者が「そのまちの顔」になるため、**

コミュニケーションスキルは必須です。

■ふるさと納税の主なステークホルダー
　①寄附者　②事業者・生産者　③庁内各部署
　④ポータルサイト関係者　⑤住民　⑥他市町村の自治体担当者

② マーケティングスキル

　ふるさと納税の中でも、特に返礼品に関する業務に関しては、マーケティングスキルが必須と言っても過言ではありません。返礼品の効果的なアプローチ方法や市場を分析する力、寄附者の求めているものや全国的なトレンドをサーチする情報収集力など、数えればきりがありません。また、いわゆる EC※を運営する業務も実施するので、ほとんどの公務員が経験したことのない・育成していないスキルを必要とされると言えます。

※「Electronic Commerce」の略で、日本語では電子商取引と言う。ネット通販、ネットショップなどインターネット上で交わされる商取引のこと

③ プロモーションスキル

　自治体が持つ様々な魅力や、自治体が取り組んでいる施策・まちづくりについて、ふるさと納税を活用して効果的に寄附者に対してアプローチするのがプロモーションスキルです。これには、柔軟な発想とスピード感が求められます。また、ふるさと納税部署だけでなく、様々なステークホルダーと連携することも必要なので、プレゼンテーション能力や企画力も同時に求められます。

ふるさと納税業務の最適所管部署

　ここでは、一般的にふるさと納税業務を所管している部門を紹介します。最も多いのが以下の3つです。

① 財政部門

　寄附金の歳入としての管理、使い道の主管課として、ふるさと納税業務を行うケースです。ただし、日々の業務に忙殺されるため、

ふるさと納税業務に人手を割けず、大手広告代理店などに包括外部委託をし、完全に任せてしまう場合が多いです。そうなると、委託先の事業者のモチベーションに大きく影響を受けることになり、ふるさと納税業務で本来得ることのできたはずのスキルやノウハウが庁内や地域に蓄積されず、外部依存が進む傾向にあります。

② 産業部門

事業者・生産者や経済関連団体との繋がりが強いため、返礼品および返礼品提供事業者を増やしやすく、産業振興施策と連動できます。ただし、目的が寄附額増加に偏りやすく、ふるさと納税をまち全体にどう波及していくのか、どう地域活性化に繋げるか、使い道をどうするかについて、行政全体での調整が難しいため、返礼品重視の活動になりがちです。

③ 企画・広報・シティプロモーション部門

ふるさと納税の所管はこの形がベストです。まず、ふるさと納税を推進していくためには、職員自身のプロモーションスキルやマーケティングスキルが必須になりますが、企画・広報、シティプロモーションを所管する部署は庁内を横断的に動く立ち位置である場合が多いため、他部署を巻き込む形でふるさと納税を活かすことができます。また、地域との接点も多く、事業者や住民のニーズをふるさと納税に繋げることができます。使い道に関しても、シティプロモーションの文脈で事業に活用しやすいため、自治体自体のプロモーションの視点でも最適です。

POINT >>> 活動の源泉は「郷土愛」

ふるさと納税担当にとって最も重要なのは「郷土」を愛する力です。地域への愛情がふるさと納税に係る行動の源泉です。「魂（神）は細部に宿る」と言うように、寄附者や事業者・生産者と密接に係る本業務はこの「愛」なくしてできません。

2章

ここは押さえる！

ふるさと納税制度のしくみ

制度の変遷と「競争」ではない目的

ふるさと納税はいつから始まった？

ふるさと納税制度は、2008年から始まりました。

日本では、多くの国民が地方の「ふるさと」で生まれ、教育を受け育ったにもかかわらず、進学、就職等を機に都会に出てそこで納税してしまうため、ふるさとに税金が入らなくなり、地方の財政状況が厳しくなるという状態が続いてきました。そこで、**自分を育んでくれたふるさとに少しでも納税できる制度があってもいいのではないか**という問題提起から、ふるさと納税制度が検討されました。

寄附の対象が「出身地」のふるさとのみになると、制度が複雑になり実現が難しいため、「ふるさと」を「出身地」だけでなく「出身地ではないが貢献・支援したいと思う地域」までを含んだ広い括りで捉え、自分が寄附したい自治体を自由に選べる制度になりました。

過剰な返礼品による寄附金集めが問題に

当初は、返礼品による寄附集めは想定されなかったものの、一部自治体が寄附への感謝で返礼品を提供し出し、仕組みが全国的に定着しました。そして、制度が後追いで整備されていきました。

東日本大震災後のふるさと納税の震災復興支援への活用、魅力的な返礼品の増加、「ふるさとチョイス」などポータルサイトの創設などを通し、ふるさと納税への注目が増して、2015年に制度拡充が図られました（限度額を約2倍に拡充、ワンストップ制度の創設など）。

しかし、その後、返礼品競争が激化しました。Amazonギフト

券など、地域性がなく還元率や換金性の高い返礼品が出回ることで、制度に対しての批判が強まりました。そのため、2019年6月から規制が強化（返礼品に地域要件や寄附額の3割以内厳守などの条件を追加）され、現在のルールが出来上がりました。

日本全体のふるさと納税寄附額の推移表

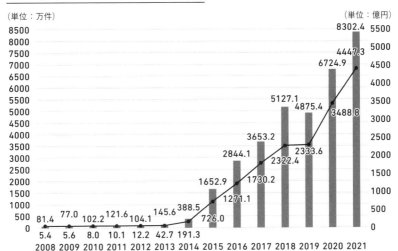

出所：総務省自治税務局市町村税課「ふるさと納税に関する現況調査結果（令和4年度実施）」（令和4年7月20日）

年表
2008年　ふるさと納税制度がスタート
2011年　震災支援としてふるさと納税に注目が集まる
2012年　ふるさとチョイス等のふるさと納税ポータルサイトが開設
2014年　長崎県平戸市、全国初の年間寄附額10億円を突破
2015年　制度改正で控除額が2倍に。ワンストップ制度創設
2016年　返礼品競争過熱（Amazonギフト券横行など）
2017年　大阪府泉佐野市、全国初の年間寄附額100億円を突破
2019年　返礼品ルールの厳格化

POINT ＞＞＞ 趣旨を理解して運用しよう

そもそも、ふるさと納税は出身地や応援したい地域を支援するために生まれた制度です。是非、寄附額や返礼品のラインナップで争う制度ではないことを理解して運用してください。

2-2

住民から見た制度のしくみと目的

住民から見たふるさと納税の仕組み

　改めて、住民側から見たふるさと納税制度について考えてみましょう。ふるさと納税制度は、**自分の選んだ自治体に寄附（ふるさと納税）を行った場合に、寄附額のうち2,000円を越える部分について、所得税と住民税から原則として全額が控除される制度です**（一定の上限はあります）。

　つまり、一定程度所得がある方（年金所得者も含む）は上限額まで寄附をすることで、2,000円を越える部分について全額税控除され（複数自治体に寄附を行っても一律2,000円）、通常、その寄附額の3割相当額の返礼品を寄附を行った自治体からもらうことができる、非常に魅力的な仕組みです。

　例えば、年収500万円の給与所得者の場合、50,000円のふるさと納税を行うと、48,000円（50,000 − 2,000）が所得税と住民税から控除され、計算上15,000円（50,000×0.3）程度の返礼品をもらうことができます。

　したがって、事実上2,000円の負担で15,000円分の地域の魅力的な返礼品を手にすることができるのです。

　住民の方から仕組みについての質問で多いのは、自身の控除上限額についてのものです。質問をいただいた際は、総務省の目安表を参照したり、各ポータルサイト運営会社が提供する上限額計算サイトを紹介して住民の方ご自身で調べてもらったりするようにしましょう。

　うかつに間違った情報を提供してしまうと、後々大きなクレームにつながってしまう可能性があるからです。本項の末尾に上限額の

目安を掲載します。控除額について、総務省ホームページをチェックして、詳細をしっかりと把握しておくようにしましょう。

　また、住民から見たふるさと納税の目的については、前項で見たように、そもそもふるさと納税の目的は、自分を育んでくれたふるさとや、出身地ではないが貢献・支援したいと思う地域へ寄附を行うことのはずでした。

　しかし、今では、自分が欲しい返礼品を追い求め、どこの地域に寄附するかは関係なくなってしまっている場合が多いのが現実です。

全額控除されるふるさと納税額（年間上限）の目安

ふるさと納税を行う方 本人の給与収入	ふるさと納税を行う方の家族構成	
	独身又は共働き	夫婦
300万円	28,000	19,000
400万円	42,000	33,000
500万円	61,000	49,000
600万円	77,000	69,000
700万円	108,000	86,000
800万円	129,000	120,000
900万円	152,000	143,000
1000万円	180,000	171,000
1500万円	395,000	395,000
2000万円	569,000	569,000
2500万円	855,000	855,000

※中学生以下の子どもは控除額に影響がないため、計算に入れる必要はありません。例えば、「夫婦＋子
　1人（小学生）」は、「夫婦」と同額になります。
出典：総務省「ふるさと納税ポータルサイト」より筆者作成

ワンストップ申請とは

　元々確定申告をしていないサラリーマンなどの給与所得者が、ふるさと納税の税控除を受けるためだけに確定申告しなくてはいけなかったら、非常に面倒です。そんな確定申告の手間を省き、さらなるふるさと納税の普及のために2015年に作られた仕組みが「**ふるさと納税ワンストップ特例制度**」です。

　ワンストップ申請を行った場合、所得税からの控除は行われず、その分も含めた控除額の全額が、ふるさと納税を行った翌年度の住民税の減額という形で控除されます。

ワンストップ申請手続き

　ワンストップ申請を希望する場合は、ふるさと納税を行う際に、各ふるさと納税先の自治体に**①特例の適用に関する申請書、②マイナンバーカードおよび申請者本人を確認できる書類**を提出する必要があります。

　まず①に関しては、ポータルサイトを通じ寄附を行う際に「ワンストップ申請を希望する」にチェックをしておけば、寄附後、各自治体から寄附者に寄附者の情報が既にある程度入力された申請書が届くことが多いです。そうでない場合も、インターネットからダウンロードができます。

　また②については、（1）マイナンバーカードがある場合はマイナンバーカードの表・裏のコピー、（2）通知カードがある場合は通知カードと免許証等の身分証明書のコピー、（3）マイナンバーカードも通知カードもない場合は、マイナンバーが記載された住民票の写しと免許証等の身分証明書のコピーが必要となります。

※身分証のコピーは写真が表示され、氏名、生年月日、住所が確認できることが必要

ワンストップ申請を行うための条件

ワンストップ申請には、ふるさと納税先の自治体数が**5団体以内**である必要があります。申請書と必要書類は**寄附した翌年の1/10までに必着**です。

また、もともと確定申告をする必要のない給与所得者等である必要があります。年収2,000万円を超える所得者や、医療費控除等で確定申告が必要な人は、確定申告で寄附金控除を申請することとなります。

確定申告を行うと、ワンストップ特例制度による控除は無効になります。ワンストップ特例申請から確定申告に切り替えた場合、申請書が提出済みであっても自治体への連絡は必要ありません。自動的に確定申告が優先されます。

ふるさと納税ワンストップ申請制度のしくみ

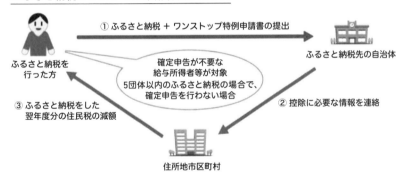

POINT >>> **住民から多い質問**

住民や寄附者の方からの質問で多いのは、ご自身の寄附上限額と、申請書が届いているかなどのワンストップ申請関連です。寄附者にどのような申請書類が届くかなどは、事前にチェックしましょう。

2-3

指定取消を防ぐ総務省の基準の要点

ふるさと納税に係る指定制度

　ふるさと納税は、かつて各自治体が過剰な返礼品競争を行い、地域性がなく、還元率や換金性の高い返礼品が出回ることで、寄附額・寄附件数を伸ばしていました。急速な変化に法整備が追いついておらず、制度への批判が強まる中、2019年6月、地方税法等の一部を改正する法律の成立により、ふるさと納税に係る指定制度が創設されます。

　具体的には、総務大臣が以下の基準に適合した地方団体をふるさと納税（特例控除）の対象として指定する仕組みで、指定を受けていない自治体への寄附はふるさと納税の控除対象外となりました。

① 寄附金の募集を適正に実施する地方団体
②（①の地方団体で）返礼品を送付する場合には、以下のいずれも満たす地方団体
・返礼品の返礼割合を3割以下とすること
・返礼品を地場産品とすること

　ふるさと納税の対象とする指定は期間が定められており、初年度を除き1年（10月1日から翌年9月30日まで）となっています。そのため、ふるさと納税の対象となりたい団体は、毎年、総務省（総務大臣）へ申請を行い、結果は総務省のサイトで公表されます。

　また、総務大臣による指定を受けた地方団体は、ふるさと納税を行おうとする納税義務者が、指定を受けている地方団体であることを把握できるように、速やかに、指定を受けた旨を地方団体のふるさと納税の募集ホームページ等において表示しなくてはなりません。

知らなかったでは済まされない

　基準を満たしていない返礼品を提供したり、寄附金の募集を適正に実施していなかったりした場合は、指定を取り消され、そのまちに**ふるさと納税をしても控除を受けることができなくなります。**

　自治体、ひいてはふるさと納税に参加している返礼品提供事業者の皆さん等多くの方々に多大なる悪影響を与えてしまう可能性があるため、ふるさと納税担当者である皆さんにとって知らなかったで済まされる問題ではありません。**仮に、ふるさと納税業務を外部委託しており、委託会社が返礼品を採択している場合であっても、基準を満たしていない場合は指定取り消しになる**ので、自治体でコントロールしておく必要があります。

具体的な基準を押さえよう

　基準を押さえるために、まずは、総務省ホームページに掲載されている**ふるさと納税に係る指定制度の運用について**と**ふるさと納税に係る指定制度の運用についてのQ＆Aについて**で基準およびその運用についての総務省の最新の考え方を確認するようにしましょう。

　ふるさと納税については、基準が示されてもその抜け穴を探す自治体が現れ、それに対して総務省から適正な運用方法が示されるというイタチごっことなっていますので、毎年運用方法が変わる可能性があります。常に最新の状況をチェックするようにしてください。

　2022年6月に出されたQ&Aをベースに、論点となりやすい基準について一部紹介します（返礼品に関する基準については4－2で紹介します）。

① ふるさと納税にかかる経費は総額寄附額の5割以内

　返礼品（3割基準）を含む、ふるさと納税にかかる以下の費用は**寄附額の5割以内**にする必要があります。通常、返礼品代は寄附額の3割に設定することが多いと思いますので、その他の経費は2

割以内に抑える必要があります。無尽蔵に広告を打つといった行為は禁止されているということです。

- **返礼品等の調達に係る費用**……返礼品等の調達費用、公共施設等の入場を返礼品とする場合等における公共施設等の入場料 等
- **返礼品等の送付に係る費用**……返礼品等の運送料、梱包費用 等
- **広報に係る費用**……新聞広告の掲載に係る費用、インターネット広告の掲載に係る費用 等
- **決済等に係る費用**……インターネット上のクレジットカード決済の手数料、金融機関の取扱い手数料 等
- **事務に係る費用**……ふるさと納税の専任職員の人件費、返礼品等に係る情報をポータルサイトに掲載するための運営事業者に対する委託料 等

② 寄附募集適正基準

ふるさと納税の寄附を集めるために募集活動を行うことになりますが、その際にも基準があります。

- **返礼品等を強調した寄附者を誘引するための宣伝広告の禁止**

ふるさと納税の募集に際して、新聞等の各種広告媒体に返礼品等を強調して掲載することや、返礼品等の情報が大部分を占めるパンフレットを作成し、不特定多数の者にこれを配布することはできません。

ただし、新聞等の各種広告媒体において、例えば、ふるさと納税の使途等を紹介してふるさとへの支援を呼び掛ける目的や、移住・定住を促す目的、あるいはシティプロモーション等の目的で広告を掲載する場合に、付随的に返礼品等の情報を掲載するといったものは許容されます。

- **適切な寄附先の選択を阻害するような表現の禁止**

具体的には、「お得」「コスパ（コストパフォーマンス）最強」「ドカ盛り」「圧倒的なボリューム」「おまけ付き」「セール」「買う」「購入」「還元」などの表現を使うことはできません。

・募集に要する費用の考え方

　ふるさと納税の募集とその他の目的の内容とを合わせて実施する場合における費用については、ふるさと納税の募集に要する費用とそれ以外の費用とを、合理的に考えられる手法によって区別して、ふるさと納税の募集に係る部分に相当する費用を「募集に要する費用」として計上することとします。

　例えば、観光プロモーションを主な内容としたポスターの一部にふるさと納税の募集について記載がある場合、それぞれの内容を掲載した部分の面積によって費用を按分すること等が考えられます。

③ 市民への返礼品提供の禁止

　自分の住むまちへのふるさと納税を行うことはできますが、市民への返礼品の提供を行うことはできません。

　ただし、一般的には、寄附者に対して感謝を示すために送られる感謝状やお礼状は、経済的価値がないものであり、返礼品等には該当しないものと考えられています。同様に、広く一般に配布されているような地方団体の広報誌や観光パンフレット、寄附金を活用して実施した事業の内容を記載した事業結果報告書等についても、返礼品等には該当しないものと考えられます。

最新の通知を常に押さえておこう

　年度途中においても、随時必要があれば総務省よりふるさと納税に関する通知が出されますので、しっかりと押さえるようにしましょう。2022年9月にも、現況を鑑み、特に意識してほしい点について総務省通知「ふるさと納税制度の適正な運用について」（2022年9月22日、総税市 第88号）が出されていますので、その内容を見てみましょう（一部筆者要約）。

① 指定期間を通じた指定基準への適合について

　ふるさと納税に係る指定制度下では、申出時点のみならず、指定を受ける期間全体を通じて、指定基準に適合する必要があります。

各自治体は、自団体が提供する返礼品等（指定期間の開始後に新たに提供を開始しようとするものを含む。）が指定基準に適合していること等を常に確認し、基準適合性に疑義が生じた場合には、速やかに総務省への照会を行うなど、適切に御対応ください。

② 寄附金募集のための宣伝広告や情報提供の方法について

　告示において①返礼品等を強調した寄附者を誘引するための宣伝広告を行わないこと、②適切な寄附先の選択を阻害するような表現を用いた情報提供を行わないこと、がそれぞれ求められています。

　ウェブサイト上のバナー広告や各自治体またはポータルサイト運営事業者から個人に送付されるEメール等に、特定の自治体の返礼品等のみの情報が掲載されている事例や、ポータルサイト等において、返礼品等の量等が過度に強調されている事例など募集適正基準への適合性に疑義が生じている事例が見られます。

　各自治体におかれては、改めて指定基準及びＱ＆Ａを参照の上、宣伝広告や情報提供の方法について基準適合性を確認し、節度を持った対応を行うとともに、外部事業者に委託している場合も同様にその内容の確認をお願いします。

③ 経費総額5割以下基準について

　告示において、寄附金の募集に要する費用の合計額が寄附金受領額の合計額の50％に相当する金額以下であることが求められていますが、一部の地方団体から、寄附金の募集に要する費用の合計額が寄附金受領額の合計額の50％を上回っていたとの報告がありました。今後、こうした事案については、基準に適合しないものとして指定が困難となるおそれがあります。各自治体におかれては、改めて当該基準を遵守するようお願いします。

④ 返礼割合3割以下基準について

　返礼品等の調達に要する費用は、寄附額の30％以内と規定されており、個別の返礼品等ごとにこれを満たす必要があります。

　返礼品等を提供する自治体は、必ず当該基準を満たすことが必要

であり、物価上昇に伴う調達費用の変動が理由であってもこの例外とはならず、指定の取消し事由となります。このため、各自治体におかれては、返礼品等の調達費用の変動に応じて、返礼品等の数量の調整や必要寄附金額の変更等の措置を講ずる必要があることから適切に御対応ください。

⑤ 地場産品基準のうち3号基準について

近年、区域外産の肉を区域内で保存等した「熟成肉」や、区域外産の米を区域内で精米・ブレンドした「無洗米」、区域外製の家具や電気製品等について区域内で抗菌加工や検品等の仕上げ工程のみを行ったものを告示に該当するものとして提供し、地場産品基準への適合性に疑義が生じている事例が見られます。

これらについては、今後、該当の適否に係る線引き等を検討した上で、告示やQ&Aの改正を行うことを検討することとしていますので、各自治体におかれては、このような品目を返礼品等に用いることを見合わせることも含め、地場産品基準を設けている趣旨を踏まえた適切な対応をお願いします。

POINT >>> **最新の運用基準とQ&Aを必ずチェック**

総務省が提示する各種基準とそれを補てんするQ&Aを確認し、適切に実行していれば、指定取り消しになることはありません。毎年少なからず変更が加えられるので、必ず最新の基準を常にチェックするようにしましょう。

寄附者から見たふるさと納税（北本市）

　自治体ふるさと納税担当者が業務を行ううえで欠かせないのが、実際に寄附してくださる皆様の視点です。今回は北本市に寄附していただいた埼玉県さいたま市在住の田村さんご夫妻に、ふるさと納税への想いを伺いました。

北本市に寄附した理由はなんですか？

　北本市が気になる存在になったきっかけは、新型コロナウイルス感染症の影響による、各市の相次ぐ公園の閉鎖でした。

　休日には、公園で夫婦揃ってお弁当を食べたり、ゆったり過ごしたりするのが好きで、住んでいるさいたま市の公園で普段は過ごしていたのですが、緊急事態宣言が出され、さいたま市の公園が閉鎖。

　そんなとき、近くのまちで公園を開いていてくれたのが北本市で、休日を北本で過ごすようになり、少しづつ良いまちだなと感じるようになりました。ふるさと納税のときにも、北本市を気にかけて見るようになり寄附をし、返礼品としてお菓子の詰め合わせセットをいただきました。

　以前は、気になる自治体などから寄附先を選ぶのではなく、美味しそうな返礼品があるまちを寄附先に選んでいました。

　でも最近はそういった選び方は何か違和感があるし、面白くないなと感じ、気になる自治体から寄附先を選ぶようにしています。

寄附を行って北本市への思いに何か変化はありましたか？

　寄附を行った後も、たまに北本市へ遊びに行きましたし、好き

なお店も増えました。ただ、大きく思いや行動が変化したのは、北本市が実施した寄附者向け感謝ツアーに参加してからです。

　色々な自治体に寄附していますが、そのようなツアーのお誘いを受けたのは初めての体験で、「自分達が寄附者として市に認識されているんだ、感謝してもらっているんだ」という実感が持てて、とても嬉しかったです。また、ツアーの内容も返礼品提供事業者である農家さんの畑での各種人参採り体験や、トマト狩り、雑木林での焼き芋の試食、野菜直売所巡りなど、北本の農や自然・食に触れられるものでとても有意義に過ごせました。

　そこで食べた美味し過ぎる野菜の味が忘れられず、それから毎週土曜日には1時間位かけて北本市に通い、直売所で野菜を買うようになっています。北本市は屋外マーケットを毎週のようにやっていて、それにも参加していますし、今やまんまと北本沼にはめられた感覚です（笑）。でも、素敵な機会、出会いをふるさと納税によって与えてもらえたことに、とても感謝しています。

　北本市に限らず、寄附を通して、直接そのまちと繋がる機会が多くなったらいいですね。全国どこへでも行ってしまうと思います。

北本での寄附者限定ツアーの様子

ふるさと納税制度全体に関して思うことはありますか？

取材に協力いただいた田村さんご夫妻（北本市役所芝生広場にて）

　返礼品には、そのまちの個性が出るようなモノやサービスが揃っていてほしいです。自分の出身地や住んでいたまち、今後訪れてみたいまちの返礼品を見ていると、何となく、そのまちの個性や特徴が分かってくることもあり、寄附まではしなくても見てるだけでも楽しいです。

　埼玉県長瀞町がふるさと納税の返礼品としてライン下りを出していて、実際に長瀞にライン下りをやりに行くなど、返礼品にしてくれたおかげでそのまちの面白いものに気づけるというのはあると思います。

　あと、返礼品として面白かったのは、千葉県市川市の動物園の裏側（バックヤード）体験ツアーです。これもふるさと納税でしか体験できない、その場所ならではの体験で、見つけてすぐ申し込みましたし、すごく楽しかったです。

POINT

>>> **せっかくの繋がりを無駄にしない**

寄附者の皆さんはそのまちの個性や特徴、寄附への感謝を感じています。自分のまちの良さをふるさと納税というツールを使ってどう表現していくか、各自治体の腕の見せどころです。

3章

基本的な事務作業！

日々の定型業務

管理システムの導入・運用

職員でもできる！ ふるさと納税管理システム

　現在、ふるさと納税業務を行う自治体の多くは「管理システム」を導入し、寄附情報の管理や返礼品の配送管理を一括で行っています。管理システムの導入により、複数のポータルサイトから申し込まれた寄附を一括で管理・運用することが可能になるなど、業務効率向上に繋がります。

　北本市でも、かつてはふるさと納税に係る情報管理を全て職員がExcel で実施しており、煩雑な作業が生じていたため、2019 年に管理システムを導入しました。業務時間が約 4 分の 1 程度となり、劇的に業務効率が向上しました。

　各管理システムにより若干仕様は異なりますが、主要な機能は下記のようなものがあります。

■**寄附管理**
複数のポータルサイトからの寄附情報データ取り込み、寄附者・寄附情報の管理

■**返礼品管理**
返礼品の発注伝票作成・出力、返礼品の在庫数管理、配送状況管理、出荷メール通知

■**各種帳票発行**
寄附金受領証明書・ワンストップ特例申請書の発行、納付書、お礼状

■**請求管理**
配送完了連動請求書出力

■**控除管理**

ワンストップ特例申請の受付・処理、受付済メール送付、名寄せ
チェック

■**問い合わせ管理**

寄附者からの問い合わせ対応の入力、共有

■**各種集計**

寄附集計、返礼品人気ランキング、サイト別寄附状況、寄附者属性
集計

ふるさと納税doの機能

データ連携	Todo	寄附管理	控除管理
API連携 CSV取込 システム間連携	データ連携結果 帳票出力漏れ確認 ワンストップ受付 状況	寄附者／寄附管理 寄附者統合可能 帳票出力	ワンストップ受付 受付済メール発行 名寄せチェック機 能
配送管理	**請求管理**	**問い合わせ管理**	**マスタ・その他**
ステータス管理 定期便対応 出荷メール通知	配送完了連動 金額自動設定 請求書出力	ステータス管理 担当者登録 集計が可能	月次寄附集計 ワンストップ状況 掲示板タスク管理

　以上のような機能を有したふるさと納税管理システムは、現在、
複数存在しており、ふるさとチョイス契約自治体が無償で利用でき
る「ふるさと納税do」(各種有償オプションあり)、自治体の運用
に合わせて機能カスタマイズが可能な「LedgHOME(レジホー
ム)」、ふるさと納税中間事業者であるレッドホースコーポレーショ
ンが提供する「Furusato360」などがあります。一部の管理サイト
ごとの特徴を以下に著者の観点からまとめました。

■**ポータルサイト側が提供**=ふるさと納税do等

　〇導入経費が抑えられる

　△自治体独自の色を出しづらい(寄附金受領証明書等)

- **■自治体に合わせたカスタマイズが可能** = LedgHOME、エッグ等
  - ○自治体の独自性が出せる
  - △導入、運用に経費がかかる
- **■中間事業者が提供** = レッドホースコーポレーション等
  - ○中間事業者の管理のもと導入できる
  - △利用には中間事業業務の導入が必須となる可能性がある

　自治体の予算や人員、寄附の規模に応じて、どのふるさと納税管理システムが自分の自治体に合っているかを検討し、導入していきましょう。

業務処理の流れ（例：ふるさと納税do）

①寄附者は各種ポータルサイトから寄附を申し込みます。

②寄附情報は、基本的には管理システムに自動で連携され、集約されます。API（Application Programming Interface）連携が行われないポータルサイトもありますが、その場合は、CSV取り込みにより情報を登録します。寄附申込書による寄附の場合、手動で寄附管理システムへ入力を行います。

③管理システムへ集約された寄附者情報をもとに自動で寄附金受領証明書・ワンストップ特例申請書が発行され、寄附者に届きます。

ふるさと納税管理システム「ふるさと納税do」を利用した業務処理の流れ

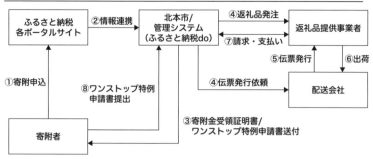

④返礼品情報を基に、返礼品を発注します。事業者ごとに返礼品発注一覧を出力し、事業者へ連絡します。事業者に合わせ、メール、FAX などを使い分けて発注連絡を行います。

⑤連携先の配送会社へ伝票発行依頼を行います。連携先の配送会社から、送付先情報が記載された伝票が事業者へ直接届きます。

⑥事業者は、リストと伝票を確認しながら、送付する返礼品に伝票を貼付して集荷依頼をかけるか、営業所へ持ち込みを行い、寄附者へ返礼品を発送します。

⑦配送が完了したら、返礼品の請求・支払い業務を行います。管理システムでは、返礼品の配送状況のステータスが確認できます。事業者から配送完了分の請求書の提出を受け、支払いを行います。

⑧寄附者からワンストップ特例申請書が提出されたら、管理システムに情報を入力します。

「ふるさと納税do」の操作画面

POINT ≫≫ **管理システムの導入で自前管理も可能**

自治体に合った管理システムの導入やオプション機能の活用によって、中間事業者を導入することなく、職員自前でのふるさと納税の運用を行うことも可能です。どのような体制が最も費用対効果が高いか、改めて検討してください。

3-2

寄附受付・よくある問い合わせ

寄附受付の種類や決済方法

　ここでは、受付の種類や寄附者が選択できる決済方法、寄附受付の基本的な流れを簡単に紹介します。

　ふるさと納税は、ふるさとチョイス、さとふる、楽天ふるさと納税等のポータルサイトを通して、寄附を受け付けています。

　これらのポータルサイトでは、クレジットカード決済以外にも、AmazonPay や PayPay などの各種 ID 決済、銀行振込といった多様な決済方法を用意してあり、寄附者は自分に合った決済方法を選択することができます。

　また、ポータルサイトだけでなく、寄附申込書を郵送、メール、FAX、窓口への持参などの方法によって自治体に提出することで、寄附を受け付けることも可能です。

　寄附申込書による受付の場合は、銀行振込、郵便振替、現金書留、現金持参を選択できます。

受付の種類	決済方法
各種ポータルサイト	クレジットカード、銀行振込、郵便振替、Amazon Pay、楽天ペイ、コンビニ支払い等
電話、FAX、メール、窓口	銀行振込、郵便振替、現金書留、現金持参

主な10の問い合わせと対応方法

① 返礼品が届かない

　返礼品の発注漏れ、事業者の配送漏れ、配送会社のミスが考えられます。①発注状況の確認、②事業者へ連絡を行い、返礼品の配送

状況について確認を行いましょう。未発送であれば、最短の到着日を寄附者の方にお伝えしましょう。

　11 ～ 12 月の寄附は、繁忙期のため、通常よりも返礼品の発送に時間を要することがあります。こうした場合には、あらかじめ、ポータルサイトに表記することが重要です。

② 返礼品がいつ送られてくるのか確認したい

　ふるさと納税の返礼品は、日時指定を受けないケースがほとんどであるため、返礼品の発送については、**ポータルサイト上でおおよその目安を掲載**しておきましょう。

　配送管理システムでは、配送状況が確認できるため、問い合わせがあればその内容をお伝えしましょう。

　急ぎでどうしても直ちに配送してほしいとの要望があった場合には、事業者さんと相談の上、発送を行いましょう。

③ 返礼品や書類を寄附者とは別の住所に送りたい

　寄附者の住所とは別のところに、返礼品や寄附金受領証明書等の書類を送付することは、制度上問題ありません。

④ 返礼品が届いたが、傷んでいた

　生鮮品や要冷蔵・冷凍の返礼品に関して多いお問い合わせ内容です。原因としては、**①事業者側の発送時の問題、②配送会社の管理の問題、③寄附者の保管状況の問題**のいずれかが考えられます。どこに原因があるかを特定し、そのケースに応じた対応が必要となりますが、①②に原因がある場合には、原因者負担による返礼品の再送が必要となります。また、返礼品の再送と共に丁寧な謝罪を行うことが重要です。

　③の場合には、再送を行うか判断が難しいですが、状況や返礼品提供事業者の意見も聞きながら、対応を決めていくことになります。北本市でも、農産物の返礼品が傷んでいたケースがあります。農産物を 5℃以下の涼しいところで保管したことにより、低温障害を起こしたことが原因です。

このときは、寄附者の方の保管状況が問題でしたが、対応としては、寄附された返礼品の半量を、事業者さんからのお手紙を同封して再度送付しました。「おいしく食べてほしい」との事業者さんからの強い希望から、担当者と事業者さんで話し合い、こうした対応としました。

　この経験から、箱の中に入れていた注意事項を、段ボールに直接貼付することとし、リスクを少しでも回避するための対応策を考えることができました。

⑤ ふるさと納税をキャンセルしたい

　ふるさと納税は、寄附であるため、原則、キャンセルはできません。ただし、入金前（クレジットカードであれば決済前）であれば、キャンセルは可能です。ポータルサイトや支払い方法によって、キャンセルできる期間が決まっているので、確認したうえで、キャンセル処理を実施しましょう。

⑥ 寄附金受領証明書を再発行してほしい

　寄附金受領証明書の再発行は可能です。ただし、**発行する際に、不正使用を防ぐため「再発行」の文字を印字しましょう**。

⑦ ワンストップ特例申請書が受理されているか

　ワンストップ特例申請書が受理されると、メールや書面にて、受付済の連絡を寄附者へ行うこととなります。

　メールの場合、迷惑メール等の設定によっては寄附者へ届いていないこともあるため、管理システムを導入している場合には、管理システムで処理状況を確認して回答しましょう。

　ワンストップ特例申請書については、ある程度まとまってから処理を行うケースも多いかと思いますが、受理されているかどうかの問い合わせがあった際に、**すぐに回答できないと寄附者からのクレームに繋がる**こともありますので、適切に処理を行うことが望ましいです。

⑧ 寄附上限額はいくらか

　北本市の場合、寄附上限額については、その年が終わるまで最終的な額が決定できない、また、様々な条件によっても変わってくるため、ふるさと納税担当が正確な額を算出することはしていません。年収や家族構成等を入力することにより、おおまかな目安額が算出できる各種ポータルサイトのページ等を提示するのみにとどめています。

⑨ 住所や氏名が変更になった場合はどんな手続きが必要か

・確定申告を利用予定の場合

　旧住所・氏名の証明書をそのまま確定申告に使用可能です。

・ワンストップ特例申請書を提出済みの場合

　変更届出書の提出が必要です。寄附した翌年の 1 月 10 日までに、寄附先の自治体へ変更届出書を提出します。

・ワンストップ特例申請書が未提出の場合

　旧住所・氏名が印字されている場合、変更箇所を二重線で訂正し、提出します。

⑩ ワンストップ特例申請書を提出したが、確定申告を行いたい

　ふるさと納税による寄附を行った当初は、ワンストップ特例申請を行う予定だった寄附者の方が、「寄附自治体が 5 自治体を超えた」「医療費控除等を行う必要が出てきた」ことを理由に、確定申告に変更したいというお問い合わせは多くあります。

　確定申告を行った時点で、ワンストップ特例申請はすべて無効となるため、取り消し手続きは不要です。

POINT >>> 寄附者の方との接点を大切に

電話での寄附の受付や問い合わせは、寄附者の方と直接コミュニケーションを取るため緊張しがちですが、貴重な機会であり、お問い合わせやクレームの中から見つかる新たな発見や改善点もあります。

他自治体に差をつける発行業務

証明書・申請書も工夫できる！

　寄附を受け付けた際に自治体から発行する必要がある資料として、寄附者が税額控除のために必要な寄附金受領証明書や、ワンストップ申請書があります。

　現在、Webからのダウンロードも可能となっていますが、寄附者に直接郵送するケースがまだ大半だと思います。

　その際、どのような形で郵送するかは自治体の努力の見せどころです。日頃仕事で使う再生紙で受領証明書を発行する自治体もあれば、複写防止用紙で発行し丁寧なお礼状をつける自治体もあります。

「そのまちらしさ」を伝える！

　寄附金受領証明書は、寄附者の方へまちの魅力を伝える大切なツールでもあります。自治体によって異なりますが、主要な同梱物は下記のとおりです。

・お礼状
・寄附金受領証明書
・ワンストップ特例申請書、ワンストップ特例申請手続き案内
・返信用封筒
・自治体紹介チラシ

ここで事例を少し見てみましょう。

① 福井県坂井市

　福井県坂井市では封入封緘機能付き高速プリンターを導入して、「印刷⇒折り⇒封入」をワンストップで行っており、人件費の削減

につなげています。坂井市では以下の書類を封入しています。

・お礼状＋寄附金受領証明書

・ワンストップ特例申請書、ワンストップ特例申請手続き案内

・返信用封筒（折り紙式）

　また、寄附金受領証明書において、以下の問い合わせを1件でも少なくするため、記載事項について工夫しています。

・住所が変わったので受領書を再発行してほしい

⇒受領書から住所欄をなくすことで再発行の手間を削減する。

・確定申告の際、市名はわかるが県名がわからない

⇒自治体の住所を県名から表記する（以前は受領書に自治体住所の
　記載がなかった）。

・コピーした受領書でなく、原本が欲しい

⇒「この証明書には黒色の電子公印を使用しています」という注意
　書きを印鑑の下に追加し、原本であることを示す。

　また、封筒については、坂井市内の観光スポットをイラスト化して散りばめることでシティプロモーションを行っています。

坂井市の封筒

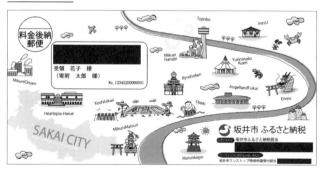

坂井市のお礼状

② 北海道栗山町

　お礼状の表面はお礼文のみを掲載。改良を行ったのが裏面で、栗山町の景色をバックに笑顔で写った町民の写真に、直筆メッセージをプリントしブロマイド風にしました。全12種類をランダムに同封していたため、リピーターの寄附者の中には「今回はこのデザインが届いた！」とお礼状を楽しみにしてくれたり、ご自身のSNSで紹介してくださったりする方も出てきています。

ブロマイド風の栗山町お礼状

このように、寄附金受領証明書にも工夫を凝らすことで、寄附者の方にまち独自の魅力が伝わり、ファン獲得にも繋がるのです。

　ただ、最近では、Webから寄附金受領証明書を一括ダウンロードすることもできるようになってきているため、証明書等が入った封筒を開けない事例も増えてきています。

　したがって、証明書への同梱物のみで寄附者とタッチポイント[※]を作っていくことは難しくなっていく可能性があることもご留意ください。

　また、ワンストップ特例申請をオンライン対応し、寄附者の負担を軽減することでも、リピーターの獲得に繋がります。

※一般的には企業やブランドが顧客に対して影響を及ぼすあらゆる情報接点のことを指し、企業側から発信される広告・宣伝のほか、口コミやSNSの書き込みなど顧客側から発信されるものも含むことがある

> **■寄附者の負担軽減のポイント**
> ・寄附者情報は記載した状態になっているか
> ・返信用封筒が同梱されているか
> ・料金後納であるか
> ・オンライン申請を行えるか

POINT　>>> 貴重なタッチポイントを逃さない

寄附金受領証明書やワンストップ申請書は貴重な寄附者との接点です。しっかり感謝の気持ちを伝え、寄附者にとっても便利な仕掛けができれば、リピーターやまちのファンになってもらえるかもしれません。

寄附者目線の発注・配送管理

管理システムによる自動化で発注ミスを防ぐ

　返礼品の発注は、可能な限り迅速に行うことをおすすめします。毎日は難しくても、毎週一度は行うようにしましょう。

　返礼品発注業務の流れは下記のとおりです。

■返礼品発注業務の流れ
①寄附者が市へ寄附の申込みを行う。
②事業者ごとに返礼品発注リストをメール・FAX にて送付する。
③ふるさと納税管理システムから、連携配送会社へ出荷指示・伝票発行依頼を行う。
④③を実施した翌日に配送会社から各事業者へ寄附者情報が印字された伝票が到着する。
⑤各事業者は返礼品を梱包、伝票を貼付し返礼品を出荷する。
⑥配送会社から寄附者へ返礼品が配送される。
⑦寄附者へ返礼品が到着したことを確認後、請求・支払いを行う。

　北本市では、ふるさと納税管理システム導入前は、返礼品の発注も Excel で行っていました。当時は、返礼品の発注漏れがあったり、事業者のみなさんに市から届く Excel の一覧を基に、発送伝票へ住所や氏名などの寄附者情報を手作業で転記するなどのかなり煩雑な手間をおかけしてしまったりと問題がありました。

　管理システムを導入したことにより、返礼品発注の漏れを防いだり、事業者のみなさんの事務処理の手間を大幅に削減したりすることが可能となりました。

　また、管理システム上で返礼品の配送状況を把握することができ、

当該返礼品がすでに出荷されているのか、どの配送センターにあるのか等がわかるため、寄附者の方からのお問い合わせに対し、迅速に回答できるのも大きなメリットです。

返礼品発注業務の流れ（例）

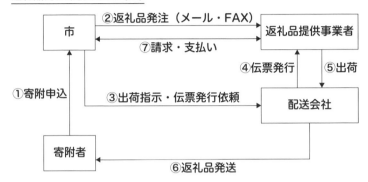

事業者に合わせた発注方法を採択する

可能であれば、管理システムを事業者の方にも導入していただくことで、システムを共有し、返礼品の注文状況について相互が確認できる環境を構築することがベストです。しかし、事業者さんによっては、パソコン操作が不慣れであることもあり、管理システムを使用することが困難な場合も多くあります。

そのため、発注方法については、管理システムでの発注以外に、**メール、FAX を併用して、事業者に負荷がかからないよう、事業者ごとに返礼品の発注方法を変更する**ことも大切です。

特に、通販を行ったことのない高齢の事業者は、システムに慣れるまで時間がかかることも予想されるので、初期はふるさと納税担当者が可能な限りフォローを行い、伴走することも大切です。

地域の事業者に、ふるさと納税を通して、インターネット経由での商品販売のノウハウを身につけてもらうことを意識すると良いと思います。

発注・配送で特に注意すべきポイント

　寄附者の方は、返礼品の到着を心待ちにしています。

　返礼品は、その土地ならではの旬の農産物、肉・魚などの生鮮品、冷蔵・冷凍保存が必要な加工品が多くを占めています。

　こうした返礼品を寄附者の方に新鮮な状態でお届けするためには、配送にも配慮が必要です。

　また、配送管理を徹底していくことは、寄附者の方とのトラブルを未然に防げたり、トラブルになった際にも原因の特定が容易になったりするため、トラブルを最小限に抑えることにも繋がります。

　ここでは、特に気をつけたい返礼品発送時のポイントをいくつかご紹介します。返礼品事業者説明会や日々のやり取りの中で事業者と必ず共有するようにしましょう。

① 農産物

　野菜や果物は、なんと言っても鮮度が大切です。寄附者の方に美味しい状態で食べていただくため、多くの農家さんは一番いい状態で収穫・梱包・発送を行っています。しかしながら、寄附者の方が到着後すぐ開封されなかったことが原因で、「農産物が傷んでいた」というクレームが発生することもあります。

　サイトでの注意喚起だけでなく、配送する段ボールに「到着後、即時開封」という注意喚起のシールを貼付するなど、寄附者が一目見て行動できるようなわかりやすい対応が必要です。

② 冷蔵・冷凍便

　季節の変わり目で、常温から冷蔵便に切り替えて郵送しなければならない返礼品もあります（例：チョコレート製品、洋菓子類）。

　切り替えのタイミングなどは、そのときの天候等を確認し、事業者と相談の上、決定をしていく必要があります。

　切り替えがうまくできないと、冷蔵で送るはずだったものが常温で配送され、クレームに繋がってしまい、事業者や市への信頼低下

を招いてしまいます。

③ 定期便

　定期便は、一度の寄附で毎月1回やシーズンごとに1回など、お気に入りの野菜やお米、お肉等が定期的に届くため、寄附者に人気の返礼品です。

　寄附者によって、初回返礼品発送日が異なるため、寄附管理システムで配送管理を行うことで、発送漏れがないようにするなどの注意が必要です。また、定期便の返礼品の終期を寄附者が忘れている場合もあるため、定期便の最後の返礼品を送付する際には、最終回であることのお知らせや、リピートを促す販促物を入れることで、引き続き応援してもらえるきっかけを作りましょう。

④ 季節限定品

　例えば、農産物の場合には、その年の天候や予期せぬ自然災害により、当初予定していた数量よりも用意できる数量が減ってしまう場合があります。事業者と連絡を密に取りながら、無理がないか、発送できる数が確保できるかを定期的に確認し、事業者のフォローを行う必要があります。また、出荷できなかった場合の代替案を検討する必要があります。

POINT >>> **生鮮食品の配送管理に要注意**

返礼品のクレームで最も多いのは、届いた生鮮品の品質に関するものです。どう配送しているか、無理のない範囲で数量が確保できるかなど、返礼品事業者とコミュニケーションを取りながら、配送管理を徹底して行いましょう。

ワンストップと基金処理の流れ

ワンストップ特例処理の流れ

　確定申告不要で住民税の控除が受けられる「ワンストップ特例制度」。寄附者の多くがワンストップ申請を行いますが、自治体によっては数千、数万件の申請書の処理をします。**この処理を1月中に行わなければならない**ため、寄附件数が増えれば増えるほど忙しくなっていきます。処理の仕方は、管理システムか、外部委託かなどで異なりますが、ここでは北本市のワンストップ申請処理の例を見ていきます。

①1/1〜12/31までに決済が完了した寄附について、ワンストップ申請希望者にワンストップ申請書を送る。

※年末は、寄附をしてからワンストップ申請書が寄附者に届くまで時間がかかることから、インターネットからのダウンロードを促すことも必要

②翌年1/10までワンストップ特例申請書が自治体に届く。

※寄附者の住所が変更になった際には、変更届出書の提出が必要。変更届の期限も1/10

③届き次第、ワンストップ申請受付と処理を行う。

④1/20までに税務課へ処理データを共有。

⑤1/31までに寄附者の居住地自治体へ税務課より控除データを送付する。

※添付書類の漏れがないか確認する。

※ダブルチェック体制をしっかりと整える。

寄附金の取り扱い方

　いただいた寄附金をどのように扱うかは自治体によって方法、考え方が異なります。専用の基金を作りそこに積み立てる形もあれば、

他の余剰金と同様、財政調整基金に積み立てる自治体もあります。いただいた寄附金をどのタイミングで事業に充当していくのかも考え方はまちまちで、可能な限り早く寄附者の想いを実現するため、原則、翌年度にいただいた寄附金を使い切る自治体もあれば、ずっと積み立てておき、使うべき事業が生まれたときに初めて基金から繰り入れて当該事業に充当する自治体もあります。

　正解はありませんが、寄附者の皆さんに**いただいた寄附金をどう扱うかを丁寧に説明し、納得される状況をつくる**必要があります。

北本市の事例——使い道8つの分野

　ここでは北本市の基金および寄附金の扱い方をご紹介します。

　北本市では、市を応援するために寄せられた寄附金を適正に管理するため、2017年に北本市ふるさと応援基金を設置しました。

　お寄せいただいた寄附金は、寄附者の方にお選びいただいた総合振興計画に紐づく8つの分野ごとに基金に積み立て、意向に沿った事業に要する経費の財源として、有効に活用しています。

　しかし、使い道として示すには単位が大きすぎて、実際何に使われているのかわかりづらいなどといった課題もあります。

■使い道8つの分野
① 子どもの成長を支えるまちづくりに関する事業
② 健康でいきいきと暮らせるまちづくりに関する事業
③ みんなが参加し育てるまちづくりに関する事業
④ 快適で安心・安全なまちづくりに関する事業
⑤ 活力あふれるまちづくりに関する事業
⑥ 健全で開かれたまちづくりに関する事業
⑦ 若者の移住・定住・交流促進に関する事業
⑧ めざせ日本一、子育て応援都市に関する事業

北本市の事例──年度末寄附金処理の流れ

① 経費＋基金積み立て

　ふるさと納税での寄附金については、当該年度のふるさと納税業務経費（返礼品代、送料、ポータルサイト掲載手数料等）に充当し、残りの分については、原則、翌年度に使い道8つの分野に関わる事業に充当するため、ふるさと応援基金に積み立てています。

　会計課の提示する最終積み立て日に間に合わなかった額については、翌年度末の積み立てでその分を増額することになります。

② 3月の特定の経費の処理

　ふるさと納税業務経費充当額は、会計課定期支払3月最終日までに支払いが可能な経費相当額とし、同日後から3月31日までの間に新たに発生した充当の対象となる経費については、当該年度においては一般財源で対応し、翌年度において、その分を積立金から減額することとなります。

③ 予算は財政課と協議

　翌年度の使い道8つの分野の充当事業については、予算編成を通し、財政課と協議の上、ふるさと納税所管部署で決定します。

④ 事業費充当分の整理

　事業費充当分の繰入は、寄附者の寄附目的に従い、財政課主導で充当額を整理します。

POINT >>> 寄附金をどう使うかが最重要

いただいたふるさと納税寄附金をどのように扱っていくかは自治体によって方法・考え方が異なるので、北本市の事例もあくまで一つの方法です。自団体に合った適切な方法を検討してください。大事なことは、寄附者に対してしっかりと説明できるか、応援したいと思ってもらえる内容かがポイントです。

4章

事業者＆寄附者のためになる！

返礼品のポイント

4-1

地域を安売りしない返礼品

そもそも返礼品とは

「返礼品合戦」、「ふるさと納税という名の通販」と揶揄され、賛否両論あるふるさと納税制度。その中でも最も焦点になるのが「返礼品」です。ふるさと納税制度が始まって十数年、今でこそ「ふるさと納税＝返礼品」のイメージですが、そもそも制度の生い立ちを考えると「寄附制度」であることを忘れてはいけません。

今、国民がふるさと納税を利用するほとんどの理由は、「返礼品をもらえるから」です。多くのポータルサイトも、まず返礼品を選び、寄附金の使い道を選択する設計になっています。要するに、見返りから寄附先を選択する構図になっているわけです。寄附の視点から考えるとちょっとおかしな構図ですよね。

では、そもそもふるさと納税において「返礼品」とは何なのでしょうか。この解釈については、自治体や担当者ごとに様々な考えがあるかと思いますが、私は、**「返礼品」とは「光の当たっていない産業・文化に光を当てるもの」**だと捉えています。すでに一般の市場で認知された商材を通して、まちのさらなる PR につなげる、寄附の最大化を図ることを否定しているわけではありません。ただ、ふるさと納税が制度として優れているのは、これまで注目されなかった、また認知されていなかった地域の産業、文化に直接光を当てることができる点だと考えているのです。

また、返礼品に採用することで、直接寄附者とのタッチポイントを作れますから、その PR 効果はかなり大きなものになります。現に、地域ブランド化を進め、平戸市の主力商材として力を入れ始めていた「ウチワエビ」は、ふるさと納税の取り組みによってメディ

アの注目を集めました。度重なるメディア露出によって一気に全国で知られることとなり、一時期は、10,000件以上の出荷待ち状態になるほどでした。通常の行政施策の中で、いわゆる「バズらせる」ことは至難の業です。しかし、ふるさと納税なら、このように光の当たりにくい地域の産業・文化に光を当てることができるのです。

平戸市で人気返礼品となったウチワエビ

自治体ページからわかる自治体のスタンス

ふるさと納税ポータルサイトの自治体ページと、自治体や観光協会などが作成している特産品のページを見比べると、多くの自治体で面白い事実が浮かび上がります。それは、地域を代表する特産品のページで紹介されていない返礼品が、ふるさと納税の自治体ページでは数多く掲載されていることです。各ポータルサイトの自治体ページを見るだけで、その自治体がふるさと納税で寄附の集まりやすい商材で寄附を集めようとしているのか、地域に根ざした商材を中心にふるさと納税を通して光を当てようとしているのか、自治体ごとのスタンスが明らかに見てとれます。

例えば、地域の特産品ページに「○○牛」とは記載していないのに、ふるさと納税自治体ページを見ると「○○牛」がずらりと並んでいることがこの業界では当たり前のように行われているのです。

地域を代表しない返礼品、いわゆる「寄附が集まる商材」で寄附を集めようとするスタンスの自治体について、皆さんはどう思われますか？

踊る「還元率」――加速する消耗戦

　2015年の控除枠の拡大によって、ふるさと納税はますます注目を集め、それまでふるさと納税に取り組んでいなかった自治体も急に目の色を変えふるさと納税に取り組み始めました。ふるさと納税の報道によって、また、総務省による寄附実績の発表によって、各自治体ごとの寄附金額が公表され、自治体間の競争はますます激化しました。特に後発の自治体においては、普通にやっていても寄附が集められないからと、あの手この手で注目を集めようと様々な趣向をこらし、ふるさと納税に取り組み始めました。

　そんな中、2015年ごろからふるさと納税業界に「還元率」という言葉が生まれることとなります。この頃から「お得さ」を前面に出した自治体同士の消耗戦が始まったのです。

差別化戦略が「地域の安売り」と化したふるさと納税

　各ポータルサイトを見ると、「ドカ盛り」「○○kg」といったお得さを前面に出した返礼品を数多く見かけます。自治体同士の寄附金獲得競争は、他自治体との差別化戦略として「物量（価格）勝負」、いわゆる「地域の安売り」を推進しているのです。しかし、地域の価値は、そして、寄附者に訴求するポイントは「お得さ」なのでしょうか。

　この「お得さ」を前面に出した消耗戦は、自治体自身が生み出していることを忘れないでいただきたいのです。

　正直、ふるさと納税担当は、寄附金が増えても減っても、自身の生活に大きな影響はありません。では、自治体間の寄附獲得競争という消耗戦の影響を最も受けるのは誰なのでしょうか。それは、本

来、応援すべき、支援すべき地域の事業者・生産者です。事業者・生産者が人生をかけて、命をかけて生み出している商品を安くして寄附を集めることが、ふるさと納税担当の仕事なのでしょうか。

　確かに、お得さを前面に出した返礼品は人気で、寄附金を集めやすい戦略ではあります。ただ、もし選ばれた理由が「お得さ」だけだったとしたら。もし他にもっとお得な返礼品が出たら。もしふるさと納税制度が終わったら……。地域の事業者・生産者に明るい未来が待っているでしょうか。地域住民のため、事業者・生産者のため、本気でそう考えますか？　事業者・生産者は人生をかけています。本気でそのことに向き合えていますか？

　担当職員として、ふるさと納税を通して地域に何を残したいかを常に意識するようにしてください。

お得な画像例

POINT >>> **地域の安売りではなく高売りを目指す**

寄附を集めるために地域を安売りしては、地域の産業に未来はありません。むしろ地域を疲弊させます。地域の産業を発展させていくためには、しっかりと「高売り」することです。そのためには、ふるさと納税をしっかりと活用してチャレンジすることが大切です。

4-2

返礼品提供事業者・生産者との向き合い方

ポータルサイトは事業者・生産者にとっての学びの場

ふるさとチョイスに掲載されている登録返礼品の推移

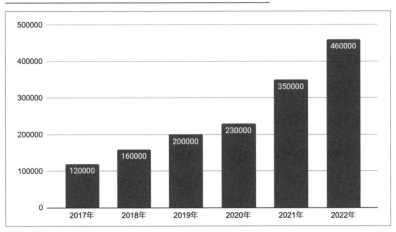

提供：株式会社トラストバンク

　上の図を見ると、「ふるさとチョイス」に掲載されている返礼品は、2015年10月は約120,000点だったものが、2022年9月には46万点超となり、わずか5年で返礼品の数が約4倍に増加しています。ふるさと納税に本格的に取り組む自治体が増え、それに比例するように返礼品も増えているため、以前のようにポータルサイトに出すだけでは寄附が集まりにくい状況になってきていることは確かです。

　このように、返礼品から見ても自治体間の競争は激しくなっていますが、見方を変えると、全国各地の事業者・生産者が丹精込めて育てたもの、生み出したものが集められているポータルサイトは、競争をするだけの場ではなく学びの場とも言えます。寄附金を獲得

するための競争の場ではなく、地域の未来のための学びの場と捉えると、やるべきことが少しは見えてきませんか？

　単なる受注と発注の関係に終始せず、事業者・生産者に寄り添いながら、高付加価値化や新たな付加価値を創出するために、担当者としてできることがきっとあります。通常のビジネスの仕組みでは行政が介入することはほとんどありません。ふるさと納税という制度があるからこそ、ふるさと納税担当が地域に寄り添うことができるのです。そして、地域に寄り添うからこそ、新しい価値や取り組みがたくさん生まれます。まずは、しっかりと地域の事業者・生産者のところへ足を運ぶことから始めてみましょう。

寄附額の増大が本当に事業者・生産者のためになるか

　寄附額が伸びてくると、地域の事業者・生産者から感謝の言葉をかけていただくことが増えてきます。通常、BtoC（「Business to Customer」または「Business to Consumer」の略で、いずれも企業と消費者間の取引を意味します。）で直接お客様に自分の作ったり育てたりした商品を届ける経験の少ない地域の事業者・生産者にとって、ふるさと納税はダイレクトに寄附者に商品を届けることができ、その感想を実際に聞くことができる制度です。だからこそ、返礼品として選ばれることで、自信や誇りを持つことができ、地域に活気をもたらすという意味では、ふるさと納税が地域にもたらす恩恵は多大にあるでしょう。また、そういう感謝の声を直接、事業者・生産者からいただけることも、ふるさと納税担当冥利に尽きる幸せな瞬間でもあることは間違いありません。

　しかし、ここで一度立ち止まって考えてほしいのです。寄附額を伸ばしていくことが、本当に事業者・生産者のためになるでしょうか。

　ふるさと納税に力を入れ始めた頃は、右肩上がりに伸びていく寄附金額に限りない可能性を感じることと思います。しかし、この制度もそんなに甘くはありません。多くの自治体がふるさと納税に取

り組む中で、毎年寄附額を伸ばすこと、または維持することは容易ではありません。自治体間の競争は、年々激化しています。順調に伸びていた寄附金が一気に減少したら、事業者・生産者はどうなるのでしょうか。制度改正や、そもそも制度がなくなったら……。ふるさと納税制度は、参入の障壁は低いですが、リスクが全くないわけではないのです。

地域のために動いたことで思わぬ結果になる怖さ

　産地偽装、過度な受付量による遅配、異物混入などなど、ふるさと納税の返礼品をめぐるトラブル、事件は後を絶ちません。また、国が定めたルールを逸脱した運営を実施したとして、総務省からふるさと納税制度の対象から外されてしまう自治体もこれまで数例出てきています。これらの事実を追跡してみると、多くの事業者・生産者が破産に追い込まれていることがわかります。地域のため、事業者・生産者のために取り組んだふるさと納税が、一歩道を踏み外したことで、事業者・生産者を一気に破産に追い込んでしまう。そういうリスクがふるさと納税にあることを忘れてはいけません。

　なお、返礼品をめぐるトラブルに関しては、行政側のミス、事業者側のミス、配送業社によるミスなど色々なケースが考えられます。一つのミスが大きなトラブルに発展することも考えられますので、しっかりとリスクマネジメントをすることも大事です。

■返礼品にありがちなトラブルの一例
・配送遅延
・供給できない量の寄附受付（在庫設定ミスなど）
・配送指定漏れ（期日・配送先誤り）
・異物混入
・食品アレルギーの記載漏れによるトラブル
・寄附者の不在による商品の取り扱い（特に生鮮品、冷蔵食品）

ふるさと納税を主語にしない

事業者への取材の様子

　ふるさと納税のように、短期間で地域経済に大きな効果をもたらす施策を私は知りません。ふるさと納税を通して、様々な良い事例も見てきましたし、先ほど紹介したような怖い事例も見てきました。ふるさと納税はあくまで寄附制度です。私は、もしも制度が終わってしまったら、行政が地域の事業者・生産者を救う術は持っていないと思うのです。だからこそ、この制度に取り組むにあたっては、自治体がしっかりと手綱を握り、有効活用しつつも制度に依存しない取り組みをコントロールする必要があるのです。ふるさと納税を主語にすることで、「寄附金」がどうしてもメインになりがちなふるさと納税業務ですが、決して寄附金を集めることがゴールではなく、この制度を活用して未来に何をつなげていくかが大事なのです。ここで、ふるさと納税担当のみなさんに常々お伝えしている言葉を2つ紹介させていただきます。

「寄附金を集めるために、事業者・生産者を利用しない」
「返礼品に採用することは、事業者・生産者の人生を背負うこと」

　ふるさと納税がもたらす地域への影響が大きいからこそ、この2つの言葉の意味をしっかりと考えていただけると嬉しいです。

POINT ≫≫ 目指すはふるさと納税からの卒業!?

地域の事業者・生産者にとって究極の形は「ふるさと納税からの卒業」だと考えます。ふるさと納税を有効活用し、制度に依存することなく、あくまで事業者・生産者自身で制度への関わり方をコントロールすること。そのためにふるさと納税担当がどう関わっていけるかがポイントです。

4-3

返礼品提供事業者・返礼品の集め方

守るべき返礼品の基準

　返礼品の採用基準については、自治体ごとに運用は様々ですが、まず押さえておかないといけないポイントから解説していきます。ふるさと納税に係る指定制度は 2019 年「地方税法等の一部を改正する法律」の成立により創設されました。具体的には、総務大臣が以下の基準に適合した自治体をふるさと納税（特例控除）の対象として指定する仕組みです。

---

① 寄附金の募集を適正に実施する自治体

② （①の地方団体で）返礼品を送付する場合には、以下のいずれも満たす自治体

・返礼品の返礼割合を 3 割以下とすること

・返礼品を地場産品とすること

　この②に関しては、特に自治体側で適切に運用しないと、制度対象から除外されてしまうため、特に注意が必要なポイントとなります。実際に、この②を遵守せずに、制度の対象外となってしまった自治体がありますのでご注意ください。

　さらに、2019 年 4 月に総務省より技術的助言「ふるさと納税にかかる指定制度の運用について」が自治体向けになされました。こちらも非常に大事なポイントですので簡単に解説します。

■**地場産品の基準について**

① 基本的な考え方

・当該都道府県等の区域内において生産された物品、または提供さ

れる役務その他これらに類するものであること

・地域経済の活性化につながっているか、当該地方団体の区域内に
　おいて付加価値が生じているか、ふるさと納税の趣旨に沿って
　個別の判断を行うこと。

② 製造、加工その他の工程による付加価値が生じていること

　①は言うまでもなく、いわゆる地場の製品であるか各自治体にお
いて、適切に自治体において判断することを国は求めているという
ことです。実際には②が重要です。詳しくは、総務省通知（「ふる
さと納税に係る指定制度の運用について」及び「ふるさと納税に係
る指定制度の運用についてのＱ＆Ａについて」）をご確認ください。

返礼品提供事業者・返礼品の集め方

　前段を踏まえ、返礼品の提供事業者をどのように集めるのか、大
きく 3 つのタイプに分類して具体的に解説していきます。

① 公募タイプ

　ふるさと納税に関する一切の業務を直営（自治体のみ）で運営し
ている人口規模の大きい自治体に見られる手法です。具体的には、
商工会・商工会議所、観光協会などの経済団体を通して募集をかけ
たり、自治体のホームページに事業者募集の情報を掲載したりする
方法となります。注意点としては、その地域において**ふるさと納税
が盛り上がってない場合、事業者・生産者からはスルーされてしま
いがち**で、あまり集まらない傾向があります。

② 発掘タイプ

　直営で、人口規模の小さい自治体に見られる手法です。ふるさと
納税担当職員が地域の事業者を回り、個別に制度の趣旨などを説明
しながら事業者を集めていく方法です。ふるさと納税担当が産業系
の部署を経験していない場合、人脈がなく回りづらいという声もた
くさん聞きますので、**産業系の部署の職員と一緒に回るとスムーズ**

にいくこともあります。

③ 委託タイプ

　返礼品にかかる多くの業務を委託している場合に、中間事業者と呼ばれる委託団体が返礼品を集める方法となります。返礼品の採用

新規事業者へのヒアリング

については、中間事業者に任せている場合と、中間事業者が集めてきた提供事業者（返礼品）を自治体側で審査して採用する場合の２種類に大別できます。前者の場合、中間事業者が自社の利益を追うあまり返礼品割合や地場産品の基準を逸脱して採用してしまう恐れもあるため、**しっかりとした返礼品の基準を定めておく**必要があります。そのため、委託タイプの場合でも、最終的な掲載の判断は自治体側で行うほうが良いでしょう。

提供事業者を採用する際に注意すべきポイント

　返礼品の提供事業者を選定する上で、重要なポイントを紹介します。

① 信頼に値する提供事業者か見極める

　返礼品を採用するにあたって、一番大きなトラブルになりやすいのが配送遅延です。先進的に取り組んでいる自治体ほど、寄附から返礼品発送までのスピードが早いため、提供事業者側において配送が滞ってしまうと、大きなクレームにつながります。しかしながら、採用する上で、普段商取引をしている訳でもない自治体職員が返礼品を適切に提供できる提供事業者かどうか判断するのは、簡単ではありません。自治体の看板を背負って返礼品を寄附者にお届けする以上、信頼に値する提供事業者かどうか見極めが必要です。

② 供給コントロールを自治体が行う

　特に新規で採用した提供事業者の場合、どれくらいの返礼品を提

供できるのか、また、迅速に対応が可能なのか自治体職員では判断が難しいです。実際に何度も打ち合わせし、一定の量を受け付けることは可能と言われていたけれど、蓋を開けてみるとやっぱり提供できないと提供事業者に言われ、寄附金の返金、お詫びの連絡を自治体職員ですることになったという事例はたくさんあります。また、過度な受付をきっかけに提供事業者が廃業に追い込まれたケースもありますので、自治体側で供給のコントロールをしっかりと行う必要があります。

③ 返礼品提供を「お願い」するスタンスは危険

返礼品の数を増やすため、新規事業者を獲得するために一番危険なことは、「返礼品の提供をお願いしてしまうこと」です。行政から依頼された事業者は、「自治体にお願いされたから協力する」というスタンス、いわゆる他人事になりがちです。一方、行政側は、提供をお願いしつつも、心の中ではふるさと納税を通して事業者・生産者を支援したいという思いでいますので、ここですでに認識のズレが生じています。ふるさと納税が好調な時期は問題は起きにくいですが、例えば、寄附額が大幅に下がったり、配送トラブルがあった場合、提供事業者が「協力してやってるのにどうしてくれるんだ」となり、衝突が起こりがちです。やる気のない事業者、やる必要のない事業者もいます。無理に協力を求めることは、行政が寄附金を集めるために事業者を利用している構図になりうることも肝に命じましょう。

POINT >>> **事業者説明会でしっかりと意志共有をしよう**

単に返礼品の提供だけの関係性だと、事業者は「儲かる」「儲からない」という判断軸になります。事業者説明会を開催し、しっかりと制度の趣旨、自治体側の意志・意図を伝えましょう。

返礼品情報の掲載のコツ

人は「情報」にお金を払う

店舗やオンラインで買い物をする際、みなさんはどのようにして買うものを決めていますか？　私達の購買活動を紐解いていくと、購入決定のプロセスは実にシンプルであることがわかります。得た情報を自分の欲求と照らし合わせる、合致すれば購入する、それだけです。情報から得た期待値にお金を払っていると言っても過言ではないかもしれません。

ただし、**購買する物や目的によって必要な情報は変わってきます。** 日用品など継続して購入する商品の場合、普段使いしているので特定の同じものを買うことが多いでしょう。となると、どこで買っても価値が変わらないので、どのように買うかがポイントになります。少しでも安く買いたい、大量に買うことで安くしてほしいなど「価格」の情報が購買に大きく影響するからです。

では、ふるさと納税の場合はどうでしょうか。

ふるさと納税の場合、いわゆる贅沢品や贈り物、日用品、体験、感謝券など実に様々なジャンルの返礼品が並びます。そのため、**商材ごとに求められるシーンやニーズに細かく対応できるかどうか、適切に情報を発信していくこと**が大切です。

また、寄附者の年齢層、住まい、家族構成なども選ばれるポイントになってきますので、どのような寄附者に選んでもらいたいのか、**明確なターゲット設定**が必要となります。

魅力的な返礼品ページを作成するための4つのポイント

　次項からは、返礼品を紹介する上で重要な要素を1つずつ解説していきます。ポイントは次の4つです。

① 必要な構成要素を揃える
② 検索結果で差をつける
③ 意図を持って写真を掲載する
④ 「ヒト」を登場させ信頼感を得る

返礼品ページの例

POINT >>> 詳細ページには「ABOUT US」を作ろう

企業のホームページを見てみると必ずと言っていいほど「ABOUT US」のページがあります。直訳すると「私たちについて」という意味ですが、誰が、どんな思いで、どんな背景があるのか、ベースとなる情報をまとめておくとページ作成する際に便利です。

4-5

①必要な構成要素を揃える

魅力・安心感・興味があるか

　返礼品を魅力的に見せるためには、寄附者の皆様に**「安心・安全」と思ってもらうこと、「興味」を持っていただくこと**が必要です。次の項目を意識しながら、商品ページの充実を図りましょう。

① 写真
② 生産者のこだわり
③ 生産者の想い・声
④ どんなところで育てられた（生まれた）商品
⑤ 返礼品の特徴
⑥ レシピ情報（使い方）
⑦ 寄附者の声（レビュー）
⑧ 動画　など

　次の表により詳しくまとめました。

　なお、実際に返礼品の詳細ページを作成するにあたり、事業者・生産者にインタビューしても、言語化できていないケースが多々あります。まずは、しっかりとこだわりや強みを言語化していくことが大切です。

返礼品紹介ページチェックリスト

カテゴリ	内容	優先度	説明
写真・画像	料理イメージ	高	どんな食べ方をしてほしいのかイメージ写真があると GOOD（美味しそうな写真を意識する）
	内容量	高	どれくらいの量なのか、サイズはどうなのかわかるような写真を掲載
	荷姿（通常時）	中	どのような形で配送されるか画像を掲載
	荷姿（贈答時）	中	贈答品対応ができる品は、ギフトラッピングをした状態の写真を掲載
	環境・風景	低	どんな環境・工場で生産されているものか、商品ができあがる背景を伝えることでイメージアップ
	事業者・生産者	中	事業者・生産者の人柄、お店のイメージに合わせた写真の掲載
モノ	特徴・商品のこだわり	高	他の類似返礼品とどこが違うのか、商品の強みや特徴を掲載
	レシピ（食べ方）	中	使用シーンがイメージしにくい商品は必ずレシピを掲載。いろんなシーンに使えると思われれば、選択される理由が増える
ヒト	生産者の思い	中	どんな生産者がどんな思いで生産しているかがわかるだけで印象が変わる
	生産者のこだわり	中	商品の特徴だけでなく、生産者がどんなこだわりを持っているかを伝えるのは、差別化を図る上で重要な要素
	寄附者レビュー	高	口コミは一番大事な判断ポイント。いかに口コミを集めるかも大事
動画	動画	低	テキストや写真では伝えられない情報も動画を活用することで何倍も効果的に伝えることができる。短い尺の動画がおすすめ
情報	配送方法	高	どんな配送方法で届けられるのか詳細に記載
	お届け情報	高	注文からどれくらいの期間で届けられるのか、配送指定が可能かなど詳細に記載

②検索結果で差をつける

検索結果を差別化するポイント

　ふるさと納税のポータルサイトに掲載されている返礼品は数十万点あります。膨大な返礼品から興味を持っていただくためには、検索結果の画面でいかに「目を引く」かが大事です。下記の情報で詳細ページへ誘導できるかが決まります。

瞬時に情報がわかるようにする

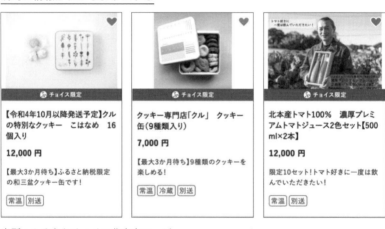

出所：ふるさとチョイス北本市ページ

① 写真

　まず、瞬間的に興味を持ってもらうためには写真が命です。寄附者が１つの返礼品を見るのは、わずか１〜２秒程度です。瞬間で寄附者の心をぐっととつかむような「写真」を掲載して、他の返礼品と差別化を図りましょう。年々サイトに掲載される写真のクオリティが高くなる中で、いかに興味を持ってもらえる写真を撮るか、そのポイントについては次項で解説します。

② 返礼品名

　返礼品名も重要な判断要素です。心をつかむキャッチフレーズや内容量などを返礼品名に入れると、比較のために必要な情報を寄附者が瞬時に得ることができます。特に「肉」や「米」などのキラーコンテンツの場合、返礼品数も膨大にあるため、いかに返礼品名で「引き」を作れるかどうかが検索結果の一覧画面の中から選ばれるためのポイントです。下記に返礼品名について4つのポイントを記載しましたが、これらのポイントを必ずしも全て網羅するのではなく、その商材ごとに寄附者に何を伝えるべきかをよく考えて設定しましょう。

① 「内容量」が入っているか

　　○良い例　○○牛A5ランクサーロインステーキ（約200g×2枚）

　　×悪い例　○○牛A5ランクサーロインステーキ

② 返礼品名が長すぎて途切れていないか

　検索画面では、返礼品名の文字数制限があります。返礼品名が途切れるとせっかくの情報が詳細ページを開かないとわからないため、選択されにくくなる可能性が高まります。また、モバイル機器からの寄附者も増加しているため、Web版だけでなく、モバイル版での表示も必ずチェックしましょう。

③ 商品の強みがわかるキャッチフレーズになっているか

　　○良い例　満月の夜にだけ汲み上げてつくる美しい海の塩

　　×悪い例　こだわりの塩

※詳細ページに、実際に汲み上げている美しい海の写真があると説得力が増す

④ ありきたりな言い回しではなく数字などでリアリティーを出せているか

　　○良い例　200年以上継ぎ足された伝統のタレ

　　×悪い例　伝統のタレ

　返礼品名も寄附者の皆様に選んでいただくための重要なポイントとなりますので、じっくり考えて設定しましょう。

③意図を持って写真を掲載する

料理イメージはシズル感を出す

撮影の様子

写真は瞬時に寄附者に情報を伝える重要な要素です。単に写真をたくさん使えば良いわけではありません。意図のない写真はかえってイメージダウンにつながることもあります。必ず「この写真で何を伝えたいのか」という目的意識を持って写真を掲載しましょう。

さて、寄附者は、多くの情報・多くの候補の中から自分に合っていそうな「返礼品」を探したいため、次から次へと情報を見ていきます。皆さんがスマホで商品を探すときをイメージしていただくとわかりやすいかもしれません。自分が欲している「返礼品」を探し出すために寄附者が一つの返礼品情報を見てくれるのは大体１〜２秒程度です。その短い時間で寄附者の心をぐっとつかむような「情報」がなければ、選ばれる「返礼品」にはなれないのです。

パッと見て「おいしそう」「良さそう」と感じる写真にのみ、センサーが反応します。「事業者・生産者や自治体職員が撮影した写真」を掲載しているケースも多く見られますが、プロに頼むのが一番です。

なお、「おいしそうな料理写真」のことを、専門的な用語で「『シズル感』のある写真」と言います。シズルとは、ステーキを焼く際などに「ジュージュー」と音をたてるさまを意味しています。

つまり、シズル感のある写真とは、「見ているとおいしそうで食

欲が湧いてくる写真」「このお店で食事をしてみたいと思わせる写真」ということになります。返礼品の料理イメージもぜひ「シズル感」のある写真を掲載しましょう。

プロのカメラマン、フードコーディネーターに依頼する

　平戸市では、ふるさと納税に参入した当初から、ふるさと納税のポータルサイトやパンフレットに掲載する写真は、プロが撮影した写真でなければ掲載しないと決めていました。また、その撮影費用は、自治体負担ではなく事業者・生産者負担です。ふるさと納税はあくまでツールなので、宣材写真は今後のために事業者・生産者のみなさんがもっているべきものであるとして、自治体で費用を負担することはありませんでした。ただし、事業者・生産者ごとにプロのカメラマン、フードコーディネーターを手配すると膨大な費用がかかってしまうため、平戸市では、毎年発行しているふるさと納税のパンフレットを作成する際に、プロのカメラマンとフードコーディネーターを手配しています。写真のない返礼品の場合は、そこでカット割で費用を負担していただき撮影する方法を取っています。下記は、返礼品カタログの仕様書における撮影に係る部分の抜粋です。

■カタログ用イメージ画像撮影

・市より依頼する商品の食シーンのイメージ画像及び内容量撮影

・材料、器、装飾品などシーン構成に必要な備品等の準備

・撮影に係るコーディネート料を含む

・撮影にあたっては、指定の場所へ一括して商品を搬入の上、撮影するものとし、撮影日数については3日間以内とする（4月下旬頃）

・撮影カット数は、食のイメージ写真は約●点、商品撮影（内容量・包装）は約●点とする

※ただし、特典の選考によっては、増減するものとする。

■見積作成時の項目

・撮影費（3つの項目に分けて1カット単位とすること）

・イメージ写真（食のイメージシーン撮影・特設サイト用撮影）

※特設サイトは横撮り写真を使用するため、特典カタログのレイアウト上、縦撮りを行う場合は、
　特設サイト用に横撮りを行うこと。

・商品写真（内容量写真）・商品写真（包装写真）

※写真撮影業務に係る費用については、事業者・生産者がカット割にて支払うものとする（○○
　市は、パンフレット又はカタログ製作に係る費用のみ負担する）。
※撮影スタジオ代、フードコーディネーター及び備品等含めて算出すること。

　撮影には事業者・生産者にも同席してもらいましょう。大切なことは、撮影の際、どんな見せ方をしたいのか、事業者・生産者の皆さんに実際に考えていただくことです。カメラマンに一任するのではなく、事業者・生産者自身にどういう見せ方をしたいのか意志を持っていただくようにしましょう。

一目で内容量がわかる写真を掲載する

　イメージ写真だけだと、どれだけの量が届くかわかりづらいことがよくあります。寄附者の皆様にどれだけの量が届くか写真からイメージしてもらうことも大事です。

　次の画像は埼玉県北本市の返礼品で一番人気のクッキー缶です。どのような箱に入って、どれくらいの量のクッキーが入っているか写真で表現できています。

埼玉県北本市クッキー専門店「クル」　クッキー缶（9種類入り）

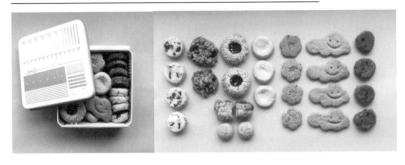

現在は３ヶ月待ちになるほど人気の返礼品なのですが、以前、ポータルサイトの口コミで次のようなコメントがありました。

「想像していたよりも缶が小さくて少し残念でしたが、中のクッキーは美味しかったです。」

どのような箱でどれくらい入っているかは伝わったものの、寄附者のイメージするサイズ感にズレが生じてしまったケースです。その後、すぐに箱のサイズを詳細ページに入れ、寄附者の認識にズレがないように対応してもらいました。このように、しっかりと寄附者の声に耳を傾けて情報を発信することも重要なポイントです。

サイズ感を示した写真

配送イメージがわかる荷姿・包装写真を掲載する

どのような形で配送されるのか、荷姿写真があるととても親切です。段ボールなのか、発泡スチロールなのか、個包装なのか、まとめて包装しているのか……、わかりやすく示すことで寄附者の皆様に選んでいただける確率が上がってきます。

包装がわかりやすい写真

④「ヒト」を登場させ信頼感を得る

「ヒト」は信頼獲得への第一歩

　「ヒト」が登場することで、その返礼品の背景が見えてくるので、寄附者は自然と信頼や興味が湧いてきます。生産風景の写真や事業者・生産者のこだわりのコメントなど、積極的に「ヒト」の情報を掲載しましょう。

　また、返礼品のレビューなど「寄附をしてくれたヒト」の声も重要な判断ポイントとなります。先進的に取り組んでいる自治体では、返礼品と同梱で返礼品へのレビューをお願いするチラシを入れているケースもあります。

返礼品に寄せられた感想

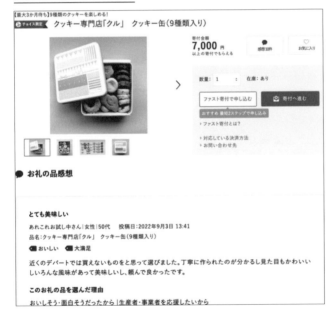

兵庫県加古川市の返礼品レビュー依頼チラシ

（表） （裏）

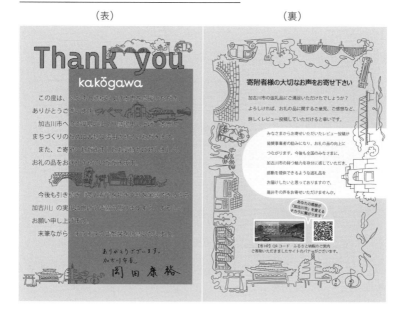

一家農園の返礼品レビュー依頼チラシ

梱包・パッケージで魅せるポイント

パッケージの役割

パッケージには大きく3つの役割があります。

> ① 守る：中身を守る
>
> ② 運ぶ：輸送しやすく、運びやすくする
>
> ③ 伝える：商品の詳細、良さを伝える

パッケージは、商品と共に販売され届けられます。商品を選ぶとき、手に取るとき、**消費者が探しているのは購入するための「理由」**です。

隣に並んだ商品との「違い」は何なのか。買うとどんなメリットがあるのか、嬉しくなるものなのかなどなど、購入するための理由を伝えるのが「パッケージ」の役割でもあります。

では、ふるさと納税に置き換えた場合はどうでしょう。店舗で購入するのとは違い、ふるさと納税はオンライン上で行うので、寄附者は返礼品の詳細ページで情報を得なければなりません。そのため、どのような状態で返礼品が届くのかをしっかりと写真等で伝えることが重要です。

パッケージは寄附者と確実に接点を持つことができる重要なアイテムです。また、つくり手が商品に込めた「想い」や「イメージ」、「らしさ」を寄附検討者に伝えることができるアイテムでもあります。

化粧箱や熨斗サービスなどの写真もあると良い

返礼品が届いた瞬間から寄附体験は始まっている

平戸市で採用した段ボール

返礼品が届いたときが寄附者にとって一番ワクワクする瞬間です。それなのに、返礼品が入っている箱がただの茶色い段ボールだったら、寄附者はがっかりするかもしれません。平戸市でも、多くの事業者が通常の段ボールに返礼品を入れていました。

また、手作りのシールを貼って発送している事業者も多く、発送数が少なければ良いですが、人気の返礼品になると印刷やシール貼りなどが大変な作業・コストになってきます。シールのデザイン性が低ければ、寄附者の印象が悪くなる可能性もあります。

そこで平戸市が実施したのが、化粧箱を持っていない事業者が使用できるオリジナル段ボールの開発です。なお、こちらは市がデザイン・企画部分を担当し、中間事業者が段ボールの版代を負担しています。こちらの段ボールは「ふるさと納税」専用ではなく、平戸ブランドとして作成しているので、ふるさと納税だけではなく通常の商取引でも利用できるようにしています。**「届いたときから感動を、人に送りたくなるような商品を」**をモットーに、梱包一つで寄附者の感情をプラスに持っていけるような細かな配慮も大切です。

消費シーンをイメージした包装の工夫

　私達が普段食しているものにも、様々な返礼品開発のヒントが隠れています。例えばお菓子であれば、「食べたい分だけ食べたい」というニーズに対応するため、個包装されている商品を多く見かけます。

　平戸市で多くの寄附をいただいている「干物の詰め合わせ」も、使いやすいように個包装されています。

　干物は冷凍で日持ちがすることから、同じ寄附金額の場合、基本的には枚数が多いもの、種類が多いものが好まれる傾向にあります。では、発泡スチロールにまとめて冷凍した大量の干物を入れて発送した場合、寄附者の方はどうするでしょうか。ここをよく考えていただきたいのです。冷凍された干物が大きな袋にまとめて入れられていたとしたら、冷蔵庫に入れるにあたり匂いが気になると思いますので、チャック付きの袋に入れ直して保存するという手間が発生します。私が干物の加工業者だったとしたら、干物は真空パックの個包装にしてお届けします。食べたい魚だけを取り出すことができますし、何より箱から取り出してそのまま保存することが可能になるからです。**ひと手間をかけて、寄附者の皆様に利用してもらいやすい包装に変更する**ことはとても重要です。

■パッケージ、包装のポイント

・容量が多いものは、小分けされているか（使いやすい量で分けられているか）

・保存しやすいように個包装されているか

・冷蔵庫、冷凍庫に保存しやすいサイズの包装になっているか

※商材ごとに求められる要件が異なる。野菜や果物の場合は、お裾分けのニーズなどもあるため、お裾分け用の袋を入れている自治体もある

使いやすく個包装された出水田鮮魚店の季節の干物詰め合わせ（鹿児島県鹿屋市）

さまざまな利用シーンを考えて作られたボトルライス（福井県坂井市）

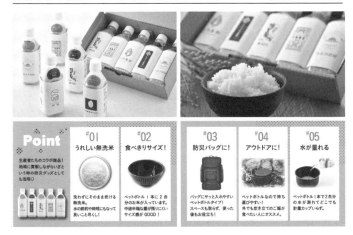

POINT >>> 寄附者目線を忘れずに

包装やパッケージは、商品を選ぶ上でとても重要なポイントになります。
受け取った際の印象、保存のしやすさ、使いやすさなど細部にまで意識を
巡らせて返礼品の改善を行っていきましょう。

事業者向け勉強会・視察の実施

ECなどの登竜門になるふるさと納税

　ふるさと納税の良いところは、これまでEC※などを経験したことがない事業者・生産者も、BtoCのやりとりを経験できることです。

　ふるさと納税は基本的に、事業者・生産者にとってリスクが限りなく低い販路です。ECを始める場合、自社でサイトを立ち上げるか、大手モールなどのECに出店する方法が考えられますが、出店料や広告費、サーバー費用、決済手数料など、イニシャルコストからランニングコストまでの多額の費用を自社で負担する必要があるため、リスクも大きくなります。

　一方、ふるさと納税は、それらの費用を自治体が負担しているため、返礼品を提供することにリスクがあまりありません。初期投資なく、自社の製品を全国に展開できる仕組みは、ふるさと納税以外には思いつきません。だからこそ、**ふるさと納税制度を通じて、事業者・生産者が何を実現したいのかを考え、制度をうまく活用してステップアップすること**が重要です。

※Electronic Commerceの略。電子商取引の意

制度への理解が少ない事業者・生産者

　著者は、事業者向け勉強会などにも講師として呼ばれ全国の自治体でお話ししていますが、毎回感じることは、**ふるさと納税でどんなことができるのかやその方法を事業者・生産者が知らない**ということです。なぜ、このような状態になっているのか原因は明らかで、**自治体担当者が事業者・生産者とコミュニケーションをあまり取れていない**ことにあります。中間事業者や大手企業に返礼品開発を委

託している場合、自治体担当者と事業者・生産者とが単に返礼品の受発注のみの関係に終始していることも多いです。

　ふるさと納税は、事業者・生産者が今後ビジネスを拡充していく上で、非常に多くの勉強ができるツールです。自治体職員が丁寧に事業者・生産者まわりをして、どんなことに取り組みたいのか、どんなところに課題があるのか、ふるさと納税で何が実現できるかを一緒に模索しながら事業に取り組めることにこの制度の価値があると考えます。自治体職員だからこそ、事業者・生産者の未来を真剣に考えることができますし、共にチャレンジする環境を築きやすいのです。

事業者向け勉強会、視察の企画

　地域の事業者・生産者が次のステップに進むために、先進自治体では、積極的に事業者・生産者向けの勉強会を実施しています。開催方法としては、専門家や先進自治体の職員を招聘したり、ポータルサイトへ依頼したりするケースがほとんどです。勉強会だけでなく、事業者・生産者を連れて先進自治体へ視察している例も数多くあります。

　また、自治体で開催する以外にも、ポータルサイトが事業者・生産者向けに実施しているセミナーもありますので、積極的に参加してもらうように声かけしましょう。

■**勉強会の内容の例**
・お礼状やパンフレットなど同梱物について
・ポータルサイトの詳細ページの作り方について
・SNS の活用について
・先進自治体職員による事例発表
・専門家による講話　など

北本市で定期的に実施している事業者向け勉強会の様子

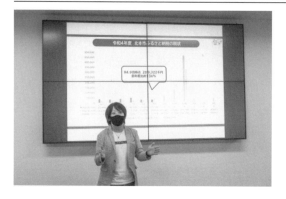

トラストバンク主催の事業者向け勉強会の様子

可能性と伸び代しかない地域の産品

　ふるさと納税がここまで大きな市場になった要因の一つとして、この制度を通じて、これまで知られていなかった地域の魅力ある商品がたくさんあることに全国の方が気づいたこともあると思っています。簡単に言えば、地域でしか取引されていなかったものが、ふるさと納税を通して全国デビューしたわけです。

　ふるさと納税を通して、地域の名前を、スーパーや百貨店では手に入らない素晴らしい産品が地域には数多くあることを、地域には

素晴らしい事業者・生産者がいることを全国の寄附者が知りました。

地域の産品は、可能性と伸び代しかありません。

　地域の経済は、価値経済ではなく信頼経済で成り立っていることが多く、通常のビジネスにおけるマーケティングなどの手法がまだ取り入れられていないところも多いのです。

　今、ふるさと納税を通じて、小さな変化が各地で起きています。今後、地域の事業者・生産者がふるさと納税制度を駆使することで、この小さな変化が大きなうねりとなり、地域の産業の可能性がもっと広がっていくと確信しています。

　そのためにも、自治体のふるさと納税担当者は丸投げするのではなく、しっかりと事業者・生産者に寄り添い、2人3脚で様々な可能性を模索していく必要があると思います。

身近な地域の産品を魅力的に打ち出す

POINT >>> **誰よりもふるさと納税制度の「プロ」であれ**

事業者・生産者としっかりとコミュニケーションをとっていくには、信頼が大切。そのためには、職員が市場の動き、マーケティングの視点などふるさと納税について誰よりも勉強した上で、しっかりと事業者・生産者と向き合うことが信頼獲得の第一歩です。

ふるさと納税をきっかけに海外進出(平戸市)

　ふるさと納税で人気が出たのをきっかけに、国内だけにとどまらず、海外への販路拡大を実現した、長崎県平戸市の牛蒡餅本舗熊屋8代目熊屋誠一郎さんにお話を伺いました。

銘菓詰め合わせからカステラ単品に

　平戸市は、かつて国際貿易港で西洋文化が平戸を通して伝えられた歴史があります。砂糖を使った南蛮菓子もその一つです。そんな歴史がある平戸市で、2014年から私の店でも返礼品の提供を始めました。当初は「熊屋銘菓詰め合わせ」として、最中とカステラを組み合わせた返礼品を提供していました。南蛮菓子が伝えられた歴史を持つ平戸市としてPRしたかったものの、弊社の商品を含め、平戸市の菓子類はあまり寄附者に選ばれることはありませんでした。

　提供から約1年たった頃、ふるさと納税担当だった黒瀬さんから「熊屋の銘菓が知られていないのにそれを推しにしてもわかりづらいから、もっと寄附者にわかるように、セット商品からかすてら1本に絞るようにしたほうがいいかも」というアドバイスを受け、かすてらに絞って出品したところ、予想以上の反響がありました。それは、長崎県の和菓子店で育った私の「かすてらは当たり前にあるもので、顧客から求められている商品ではない」という固定観念を壊すには十分すぎる出来事でした。

「二百年かすてら 暦」としてリブランディング、そして海外へ

　ふるさと納税によってかすてらの価値を再認識できたので、た

だのかすてらとして売り出していたものを「二百年かすてら　暦」として、リブランディングしました。

　平戸市のふるさと納税の人気の高まりと共に、かすてらの発注も大きく増えることとなります。市内の和菓子店への影響も大きく、他の和菓子店もかすてらの提供をはじめるなど大きな変化が生まれました。

リブランディングした「二百年かすてら　暦」(左)輸出している台湾向けのかすてら(右)

　そして、販路を拡げるための「次の手」を模索していた私に大きなチャンスが訪れます。平戸商工会議所主導で平戸物産の台湾輸出事業が立ち上がり、その事業の一環として台湾国内で開催された食品展示会にかすてらを出品したところ、こちらも予想を上回る反響で、台湾の企業の目に留まることになったのです。その後、輸出に求められる保存期間に耐えるため包装紙材などを見直すなど様々な調整を経て、冷凍で1年、常温で1ヶ月の保存を実現させ、見事商談がまとまりました。

　現在は、台湾全土のモスバーガー265店舗、台湾ロイヤルホスト10店舗のお土産品として、年間約2万本のかすてらを台湾へ輸出できるようになりました。元々店舗で焼いていたかすてらが8千本/年くらいですので、この取引はとても大きいです。

ふるさと納税は通過点。次にどうつなげるかが大事

　今回ご縁があって、競合がひしめく国内ではなく、日本文化や歴史に価値を見出しやすい海外で勝負するという思いきった決断ができたのは、ふるさと納税を通して自社の眠っていた魅力に気づかせてもらったからだと思っています。

　かすてらの人気に伴い自社の製品に自信を持てたのも自分にとっては大きな体験でした。

　振り返ってみて、ふるさと納税は「通過点」なのかなと考えています。ふるさと納税の返礼品として出品して、寄附者の皆様の反応を見て、次にどうつなげていくかを考えることが私達事業者・生産者に必要な部分だと思います。それができて初めて可能性をつかむことができるのだと思っています。

　現在、弊社では輸出にとどまらず、台湾工場設立に向けて準備を進めている段階です。ふるさと納税をきっかけに生まれたこのご縁を大切にしながら、さらなるチャレンジをしていきたいです。

牛蒡餅本舗 熊屋 八代目　熊屋 誠一郎さん

5章

その場限りにしない！

寄附者との関係づくり

5-1

ふるさと納税と地域のファンづくり

そもそもファンとは何か

　ふるさと納税担当から、「地域のファンをつくりたい」という言葉をよく聞きます。ふるさと納税担当になったみなさんも、おそらく同じような気持ちを持っているのではないでしょうか。

　では、みなさんにとって「ファン」とはどのような人を指すのでしょうか。ふるさと納税を通して寄附者のみなさんとどのような関係を築きたいのでしょうか。この質問を投げかけると多くの職員のみなさんが回答に困ります。

　では、そもそも「ファン」という言葉にはどのような意味があるのでしょうか。辞書で引くとこのように表現されています。

「スポーツや芸能、また選手・チーム・芸能人などの、熱心な支持者や愛好者」（『デジタル大辞泉』小学館）

　みなさんのイメージとおおよそ合致しているかと思います。

　では、「あなたはどのまち（自治体）のファンですか？」と尋ねられたらどうでしょうか。自分の育ったまち以外でそのように思えるまちは多くないのではないかと思います。ここで、ふるさと納税におけるファンとは何なのか、しっかりと具体的に言語化しておきましょう。

> **■ふるさと納税におけるファンの例**
> ・定期的に寄附してくれる寄附者
> ・実際にまちを訪れてくれる寄附者
> ・そのまちの特産品などを積極的に購入してくれる寄附者

　ファンと言いつつ、実際は自治体においてファンの定義をしっか

りと捉えきれていないのが実態です。ファンの定義をしっかりと言語化することで、その後のアクションが明確になります。

モノの良さを前提とした＋αが大切

　ふるさと納税の魅力の一つに、これまで出会えなかった地域（地場産品を含む）の魅力があると思います。そもそも返礼品の質が悪ければ、この制度はここまでの広がりを見せることはなかったでしょう。地域の産品は美味しいですし、日本という国のポテンシャルは素晴らしいものがあるといえます。

　では、ちょっとここで考えてみてください。スーパーや百貨店で地域の産品を買ったとします。その産品がとても美味しかったこともあったかと思います。では、みなさんはその産品や事業者・生産者のファンになった経験はありますか？　そう簡単にはならないですよね。そう考えると「モノの良さ」は前提条件で、重要なのは「＋α」であると言えます。

差別化のポイントは「情緒的価値」と「機能的価値」

　前述のとおり、ふるさと納税の返礼品は年々増加傾向にあります。多くの自治体がふるさと納税に注力する中で、様々な返礼品が溢れている昨今、「機能的価値」だけでの差別化はかなり難しくなっています。シンプルにいうと、日本の産品はほぼほぼ美味しいんです。なので、そこそこ美味しかったとしてもそれでファンになる程甘い環境ではありません。

　たとえ今、寄附者に刺さる「機能的価値」があったとしても、ほかの自治体から似たような返礼品が出たことによって、その「機能的価値」のアピール力が弱まってしまうということは、往々にしてあります。

　だからこそ、この**機能的価値に「＋α」が必要**なのです。

　その**「＋α」が情緒的価値**です。情緒的価値とは、その産品やサー

ビスを見たり、利用したりした際に、寄附者のみなさんが体感でき
る精神的な側面での価値のことです。その返礼品を通して寄附者が
「どのような良い気持ちになるか」と考えるとわかりやすいかもし
れません。

　同じ機能的価値を持っていたとしても、情緒的価値は人それぞれ
です。機能的価値だけでは他の返礼品と変わらないけれど、情緒的
価値で選ばれるというのは多々あることですので、情緒的価値こそ
ファン作りを考える上でまずはじめに考えないといけないことかも
知れません。

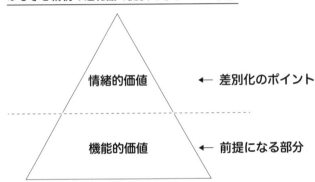

ふるさと納税の返礼品で提供できる２つの価値

情緒的価値　←　差別化のポイント

機能的価値　←　前提になる部分

どのような関係性を築きたいか、事前の設計が最重要

　機能的価値と情緒的価値の提供、これはいわゆる「寄附体験」と
も言えます。ふるさと納税という行為を通じて、寄附者にどのよう
な体験をしていただきたいのか事前に設計することがとても重要に
なります。

　ファン作りという観点からは、一度の寄附という体験だけで完結
してファンになるということはほぼ皆無でしょう。**ファンになるに
は、一定の継続して関わる時間が必要**と言えます。最近、この時間
という観点が抜け落ちているのではと感じることが往々にしてあり

ます。これだけ多くの情報に触れる現代において、継続した「関わりしろ」をどれだけ作れるかが大事ではないかと思うのです。

ふるさと納税は出会いを作る最強のツール

ふるさと納税は、寄附という行為を通じて、実に多くのタッチポイントを持つことができる制度です。1兆円近い自治体の施策ではなかなか触れることのない圧倒的マーケットを、たった1,700ほどの自治体で競うわけです。

また、自治体がフロントに立つことで、「信頼」という一定の担保があります。通常のECであれば、信頼を得るところから始めなくてはいけません。

寄附という行為を通じて全国の寄附者との様々なタッチポイントを持つふるさと納税を、単に財源確保のためのツールに留めておくのはもったいないと思いませんか？　ファンづくりのための戦略をしっかりと立ててふるさと納税に取り組めば、より効果的に寄附者との関係性を作ることが可能です。

2019年に実施した臼杵市ふるさと納税感謝イベント

POINT >>> **ファンは1日にして成らず**

返礼品を送ったらまちのファンになるというのは幻想です。どの自治体の返礼品かも忘れている寄附者も多いはずです。ファンというのは一定期間の「関わりしろ」があって成り立つものなのです。

地域のファンづくりのポイント

ふるさと納税の導線から考える

　ふるさと納税を紐解いていくと、実に多くの寄附者とのタッチポイントがあるとわかります。今回は返礼品を選ぶところから、寄附者と自治体間でどのようなタッチポイントがあるのか考えます。

ふるさと納税における一般的な導線

① 検索〜寄附フェーズ

　お目当ての返礼品を選んで寄附するまでには、一般的に**「検索→比較→検討→寄附」**という流れがあります。特に大事なのは、比較段階においてファンづくりの上で必要な情報が返礼品のページに記載されているかどうかです。

　まずは、**寄附者のニーズ（お目当ての返礼品）に応え、しっかりと機能的価値・物質的価値を掲載する**必要があります。ただし、それはあくまで前提になる部分です。

　それに加えて重要なのが**情緒的価値で、ここがファン作りを行う上で重要な差別化のポイント**となります。

② お礼状・返礼品フェーズ

　寄附をしていただいたあとタッチポイントになってくるのが、お礼状や返礼品をお届けするタイミングです。

　私も毎年、仕事上関わらせていただいた自治体に寄附を行っていますが、最も重要なこのフェーズで心動かされるお礼状や返礼品はほぼありませんでした。返礼品がもらえるとはいえ、寄附は寄附です。寄附に対して感謝の気持をお届けする、とても大事なタッチポイントだとは思いませんか？　しかしながら、実際には、事務的なお礼状と寄附金受領証明書が入っているだけで、正直「もう寄附しない」と思った自治体はたくさんあります。

　また、返礼品も通販のようにただ「モノ」だけが届くということもザラにあります。みなさんがふるさと納税を行ったとして、モノだけが届いたらどのように感じますか？　ちなみに平戸市での担当時代、私は返礼品発送の際のルールとして、必ず事業者もお礼状を同梱することを義務付けていました。

■**お礼状・返礼品フェーズで行える具体的なアクション**

自治体側
・お礼状・寄附金受領証明書送付時の同梱物の工夫
・観光地であれば、観光パンフレットやイベントチラシなどの同梱
・移住・定住を促進しているのであれば移住・定住促進パンフレッ

トなどの同梱

事業者側

・返礼品にもお礼状を同梱

・自社 HP・SNS（Facebook、Twitter、Instagram 等）へ誘導する
　チラシなどの同梱

・他の事業者のおすすめの返礼品を紹介するチラシの同梱（事業者
　同士の相互 PR）

③ 寄附後フェーズ

　寄附後フェーズが、実は最も大事なフェーズと言っても過言では
ありません。しかしながら、実際、多くの自治体でこのフェーズが
一番疎かになっています。「寄附」→「返礼品」で完結してしまっ
ている自治体が多く、寄附後に寄附者とどのような関係性を構築し
たいのか、導線が全く引かれていません。再度リピートしてもらい
たいのか、SNS をフォローしてもらいたいのか、自社の EC サイ
トへ誘導したいのか、など寄附者と構築したい関係性や寄附者に期
待するアクションを明確にすることで具体的なアクションが見えて

**消費者の購買行動プロセス（AISAS）とインターネットが普及した現代におけ
る購買行動プロセス（AISCEAS）**

きます。

■寄附後フェーズで自治体が行える具体的なアクション
・メルマガ
・寄附者向けイベントの実施
・寄附金の使い道報告　など

機会損失をしないため、再度導線の見直しを

今回は大きく3つのフェーズに分けて、寄附者とのタッチポイントについてご紹介しましたが、細分化するとさらに細かい設計が求められます。

実際に寄附者の気持ちになって、自分のまちにふるさと納税をしたとして、「そのとき触れる情報一つひとつに意図が込められているか」「自分が寄附者だったらどのような気持ちになるか」「まちに興味が湧くか」などと見直しをすることが必要です。このふるさと納税という貴重なタッチポイントを損失することは大きなマイナスです。

また、寄附者への対応が悪ければ、PRするどころかマイナスプロモーションに繋がりかねません。今一度、自分の自治体のふるさと納税の導線について、見直しを行ってみましょう。

POINT ＞＞＞ 人気の自治体には必ず「理由」がある

人気の自治体には必ず理由があります。もちろん人気の返礼品があることもありますが、ほかにも理由があるはずです。自身が寄附者として先進的な自治体に寄附してみることをおすすめします。

統一されたデザインと丁寧なアプローチ(朝日町)

　町の非公式 PR キャラクター「桃色ウサヒ」を活用し、寄附金の使い道やお礼状など、統一したデザインで寄附者との関係性作りを行っている朝日町役場の白田さんにお話を伺いました。

四半期ごとに寄附金の使い道を報告

年2回発行している朝日町ふるさと通信

　山形県朝日町では、ふるさと納税寄附については、以下の6つの使い道から選択できます。寄附者の皆様に対しては、具体的な使い道や町の旬な情報を掲載した「朝日町ふるさと通信」を年に2回発行し郵送しています。

> **■朝日町のふるさと納税の使い道**
> ・りんごとワインの里の産業・観光事業（産業経済）
> ・ふるさとを愛し学び合う教育事業（教育文化）
> ・思いやりあふれる健康な暮らし事業（健康福祉）
> ・自然と共生する安心な暮らし事業（生活環境）
> ・つながりを大切にした地域づくり事業（地域づくり）
> ・町長におまかせ事業

返礼品にもお礼状を同梱し、寄附金の使い道を紹介

　通常、ふるさと納税では、寄附後に受領証明書とともにお礼状を送っていると思いますが、朝日町ではそれに加え、当町から感謝の気持ちをお伝えするために「お礼状」を返礼品にも同封しています。当初は、ポストカード型のお礼状を同封していましたが、「ウサヒ型お礼状」にリニューアルしました。

　このお礼状は、当町のゆるキャラ桃色ウサヒのデザインとなっており、表面で寄附をいただいたことへの感謝をお伝えし、裏面では主な寄附金の使い道を紹介しています。

　また、使い道の詳しい内容がわかるよう、町のホームページに遷移する QR コードも配置しています。

(左)ウサヒ型お礼状の表面 (右)お礼状の裏面

デザインへのこだわり

デザインの統一で強く印象付ける

　また、当町では行政へのイメージを変えるため「デザイン力のアップ」を進めており、パンフレットやお礼状、封筒、ガムテープ、そして梱包用のダンボールまでオリジナルパッケージで統一しています。オリジナルパッケージは、町のイメージカラーである「赤」と「白」を基調にしつつ、各返礼品に合わせたカラーを取り入れ

ながら、朝日町から届いた贈り物ということが明確に伝わるデザインに仕上げています。

　ふるさと納税を通してできたこのご縁を大切にし、寄附者の皆様の中で「気になる存在」になることを目指しています。

寄附者の反応と返礼品協力事業者の意識の変化

　この取組みによって、少しずつではありますが、着実に当町にとって良い効果が現れています。寄附者の皆さまが「デザイン」にこだわったパッケージで届いた返礼品をSNSで紹介してくださったり、「朝日町ふるさと通信」を受け取ったことをきっかけに、実際に足を運んでくださったりと、寄附者の皆様とのつながりが「関係人口」へと変わっていくことを実感しているところです。

　また、寄附者のみならず、生産者にも良い影響を与えました。統一したパッケージを使用することで、町の代表として返礼品を提供しているという自覚が生まれ、より良質な農産物の栽培への意欲の向上にもつながっています。このほか、町のデザインへの取組みを参考により魅力的なパッケージを考え、顧客の目を引く取組みを展開する生産者も増加しており、朝日町は間違いなく「気になる存在」という印象を残していると思います。

「朝日町ファン」を増やしたい！

　「朝日町ふるさと通信」の発行や「デザイン」へのこだわりを活用しながらふるさと納税を通して当町が目指すのは、寄附のその先、「朝日町ファン」を増やすことです。

　そのきっかけの一つとして、「デザイン」を活用し、多くの方々の「気になる存在」となり、そして、町に対する応援のための寄

附をどのような取組みで有効活用しているかを寄附者に伝え、その想いに応えることで、寄附者との信頼を築いていきたいと思っています。

山形県朝日町職員　白田 淳さん

オリジナルの取組みを一つひとつ積み重ねていくことが、より多くの方々に「朝日町ファン」になっていただくために必要なことだと思っています。チャレンジ精神あふれる町民性を活かし、今後も多様なアイデアをもって、地域を、そして町全体を元気にしていきます。

POINT

>>> **統一感で印象を残す**

どの自治体から送られた文書、返礼品なのかを明確に伝えるために大切なのは「統一感」です。一貫性のある共通したデザインを用いて寄附者の皆様にアプローチしていきましょう。継続して目にし続けることで、間違いなく「気になる存在」になるはずです。

5-3

関係人口・交流人口拡大のための寄附者向け施策

寄附者向けイベント開催のすすめ

　ふるさと納税に先進的に取り組んできた自治体ほど、寄附者との関係性作りをしっかりとやっている印象があります。寄附者との「関わりしろ」を継続してつくっていくためにも、このような寄附者向けイベントは、関係人口・交流人口の拡大のためにも最適な手法だと考えられます。ふるさと納税における寄附者向けイベントの代表的なものは大きく3つ挙げられます。

① 感謝祭

　自治体職員だけでなく、事業者・生産者も一緒に出展し、返礼品の試食や寄附金の使い道の報告などを行うイベントです。感謝祭は、ポータルサイトが主催する大規模のイベントもありますが、先進的な自治体では自治体単独で開催しているケースも数多くあります。

第5回ふるさとチョイス大感謝祭

② 寄附者向けツアー

寄附者限定のバスツアーなど、現地集合・現地解散とすることで寄附者に実際に現地に来ていただき、自治体職員がまちを案内するツアーを開催するものです。自治体単独だけでなく、広域連携でツアーを実施しているケースもあります。

三重南部まるごと13市町スペシャルバスツアー

③ ファンミーティング

寄附者とともにまちづくりについて考えるイベントです。ポータルサイトが運営しているケースもありますが、近年は自治体単独で開催しているケースもあります。具体的には、寄附者を実際にまちに招いて、1泊2日や2泊3日などの行程で、特産品を食べたり、体験をしたりしてまちの魅力を堪能したのち、まちの未来についてワークショップを行うといったツアー型のファンミーティングが多くなっています。

ファンづくりは地道にコツコツと

しかしながら、このようなイベントを開催するには、多額の経費と多大な労力がかかります。大人数を対象としたイベントとなると

関係性は薄くなりますし、少人数を対象としたイベントとなると関係性は濃くなりますが、対象人数が少ないため効率的とは言えません。

そこで、**自治体が寄附者とどのような関係性を築いていきたいかが企画のポイント**になってきます。そもそも返礼品はあくまで寄附者とのタッチポイントを作るためのもので、一番大切なことは、寄附者とどのような関係性を築いていきたいのかを明確にすることです。私個人としては、しっかりと寄附者一人ひとりに向き合える少人数の企画を年に複数回開催するほうがファン作りに関しての成果は出ると確信しています。新型コロナウイルスが猛威を振るった影響もあり、ここ数年でZoomなどのWeb会議サービスを使ったオンラインイベントも活発になり、イベント開催の一つの手法としてスタンダードになってきています。地域にいながらも簡単に寄附者とつながる方法があるのであれば、活用しないわけにはいきません。

寄附という体験をどのように演出していくのか、今後自治体の手腕が問われていくことになります。**「送るふるさと納税」から「つながるふるさと納税」へ**意識を変換していきましょう。

POINT >>> 顔の見える関係性をつくる

寄附者向けイベントとなると、特産品の試食や寄附者にとってお得を感じるイベントになりがちです。満足度をあげるためには自治体職員やまちの人と寄附者をどのように顔の見える関係にするか、あの人の想いに共感するという状態をつくるかが大切です。

熊本県玉名市ふるさとファンミーティング

■**イベント開催の例　熊本県玉名市ふるさとファンミーティングのスケジュール**

1 日目

　12：00　草枕温泉チェックイン（集合）

　13：00　開会式

　14：00　みかん収穫体験＆みかんジュース作りなどワークショップ

　17：00　夕食（コテージにて）

　19：00　温泉・焚き火・夜食（玉名ラーメンのふるまい）・フリータイム

2 日目

　08：00　起床

　09：00　移動

　10：00　ファンミーティング（大人）ワークショップ（子ども）

　12：00　昼食（郷土料理）

　13：00　閉会式（解散）

伝統工芸の復興と新たなファン獲得へ（天童市）

ふるさと納税を活用する上での軸として、将棋駒産業の復興と新たな将棋ファンの獲得を掲げ、ふるさと納税で終わらない取り組みを実施された天童市役所の沼澤さんにお話を伺いました。

天童市と将棋駒

天童市は江戸時代から続く将棋駒の産地で、その生産量は全国の95％を占めると言われています。天童と将棋駒の関係は、当時、天童藩の家老であった吉田大八が、武士の貧困を救済するため「将棋は兵法にも通じるので、その生産は武士の面目を傷つけるものではない」と奨励したことに始まったとされています。

ですが、ゲームの多様化やネットの普及による将棋人口の減少や観光客の減少により、将棋駒産業の算出規模は1980年の4億7千万円をピークに減少し、職人の高齢化や後継者不足も相まって衰退の一途をたどっていました。

天童桜まつりで実施される人間将棋

ふるさと納税を活用した将棋ファンの獲得に向けて

　まちのシンボルにもなっているこの伝統工芸の復興と新たなファン層の獲得のため、天童市は2014年からふるさと納税の活用をスタートしました。

■本市が行った主な取組み

① 返礼品に加え、お名前入りの将棋駒ストラップをプレゼント

　オンリーワンで、消費型返礼品とは異なり形に残るため思い出になる。伝統工芸の支援といったふるさと納税の趣旨に合致し、次の寄附へと繋がりやすい（現在は終了）。

② 将棋を題材にした人気漫画『3月のライオン』（羽海野チカ、白泉社）とのコラボレーション

　サブカルチャーとの融合により読者（特に若年層）に対し天童市の将棋駒のアプローチができる。フルーツなどを目的とした寄附者に対し、漫画の存在を知ってもらうことで将棋の魅力に触れる機会を提供することができる。

お名前入り将棋駒ストラップ

『3月のライオン』とのコラボ

© 羽海野チカ / 白泉社

③ 山形県出身の世界的デザイナー「KEN OKUYAMA」と共同での新たな将棋駒の開発（クラウドファンディング）

　世界的に著名なデザイナーによる新しい将棋駒を制作すること

で、将棋駒にインテリアという新たな付加価値を与えるとともに、富裕層へのアプローチの幅を広げる。

ふるさと納税がもたらした将棋駒産業への影響

　これらの取組みにより、天童市の将棋駒産業規模はこれまで最も低かった2013年の1億2千万円から2016年には3億円まで回復しました。

　また、産業規模の拡大により次世代を担う伝統工芸育成講座の受講生も1.5倍になるなど、後継者育成にも寄与しています。

　また、将棋駒ストラップや人気漫画とのコラボが好評を博し、2017年には天童市のふるさと納税のリピート率は76.8％と全国的にも高い数字を誇っています。

ふるさと納税からその先へ

　ふるさと納税の成功と同時に、その次へと繋げるため、天童市では他の分野での展開へと動き出しました。特に『3月のライオン』とのコラボによる観光面での相乗効果は大きく、様々な事業の展開へと繋がりました。

・天童桜まつり人間将棋に、映画「3月のライオン」（大友啓史、東宝、アスミックエース、2017年）のメインキャスト神木隆之介さんと大友監督を招聘
・ニコニコ超会議の超将棋ブースに出展。超人間将棋などを開催
・将棋の同時対局数ギネス世界記録に挑む「二千局盤来」を開催し、見事、世界記録を獲得
・天童市の実際の風景を題材とした『3月のライオン』オリジナ

ルイラストの作成と職員用名刺への展開
・道の駅天童温泉で次代を担う若手将棋駒職人の実演制作・販売
・観光PR動画にアニメ「3月のライオン」（新房昭之、シャフト）
　に出演されている声優の花澤香菜さんを起用

　このように、ふるさと納税は、寄附の獲得による歳入の増加や

山形県天童市役所職員
沼澤　賢次さん

返礼品の提供による事業者支援のみならず、いただいた寄附を有効に活用し新たな事業を展開することで伝統工芸を復興へと導き出すことや、ニーズに即した新たな価値を生み出し新たなファンをつくることで、未来に残したい大切な産業を次世代に引き続くことができる大切な制度だと私は考えています。

ギネス世界記録に挑んだ二千局盤来

POINT　　>>>　**ふるさと納税はあくまでツール**

ふるさと納税はまちが抱える課題を劇的に変化させることができる可能性を持っていて、その可能性は自治体の数ある事業の中でも飛び抜けて高く感じます。ただし、次の手を常に考えないとふるさと納税自体が目的化してしまうことも……ふるさと納税はまちの課題解決に最適な「ただの」ツールと捉えるようにしましょう。

事例

県と市町で手を取り合い地域の魅力を発信（玉城町）

　ふるさと納税を活用し、観光面における課題を解決するため、広域連携の事務局を務め、様々な企画を実施した三重県玉城町役場の中野さんにお話を伺いました。

三重県ふるさと納税南部まるごと発信事業

　三重県の南部地域は玉城町以南の5市8町からなる地域で、伊勢神宮、熊野古道など日本有数の歴史遺産を有し、海、山、里と豊かな自然に恵まれた非常に魅力あふれる地域です。

　しかし、若者の流出や進む過疎化・高齢化といった課題を抱えていました。そこで、ふるさと納税を活用し、南部地域で一体となって広く一般の方々に情報を発信することで、特産品の活用による産業振興だけでなく、地域のファンを作り、南部地域の活性化を図ることを目的として2015年度より全国初の広域連携でのふるさと納税への取り組みを始めました。

伊勢神宮、熊野古道だけではない三重県南部地域を知ってほしい

**ふるさと納税南部まるごと発信事業
実行委員会**

　この事業は県の補助金と参加市町の負担金を財源とし、実行委員会形式でスタートすることとなりました。また、玉城町は、ふるさと納税制度が始まった2008年度から制度の活用に力を入れ、玉城豚などの町の特産

品をアピールしていたこと、当時はまだ、県内でそれほど取組み
が広がっていなかったことや県からの推薦もあって、玉城町が事
務局となり、「ふるさと納税南部まるごと発信事業」として初年
度は10市町での広域連携としてスタートしました。

　本事業で行った主な取組みとしては次の通りです。

① 南部地域のガイドブックの作成

　南部地域の魅力を紹介することを目的に南部地域の特色や各市
町の歴史、文化などを1冊にまとめたガイドブックを作成し、
イベント等での配付、各市町の返礼品紹介などを行いました。

② ふるさと納税イベントへの参加

　株式会社トラストバンクが主催するふるさと納税大感謝祭等の
イベントに参加し、各担当者は自分のまちだけでなく、他の市町
も併せて紹介し魅力を発信しました。

　1ブースで10市町を紹介することで1市町当たりの費用も抑
えられ、広域な紹介をすることにより寄附者に効果的なPRがで
きました。

③ アンテナショップでの寄附者との交流会

　東京日本橋にある三重県のアンテナショップ「三重テラス」に
て、寄附者との交流会を開催し、各市町の担当者による「わが町
紹介」や各市町おすすめの特産品の試食などを通じて寄附者と交
流を深めました。寄附者は特産品や観光などの情報を直接担当者

三重テラスでのイベントの様子

に聞くことができ、また担当
者も直接寄附者の声を聴くこ
とができたと双方から好評で
した。

　ここから徐々に南部地域の
ファンが増えていきました。

2年目以降は南部13市町が揃い活動がパワーアップ

　2年目以降は南部13市町が揃い、さらに活動の輪を広げていきました。初年度の取組みをブラッシュアップして継続しながら新たな取組みにもチャレンジしました。

① 13市町特設サイトの開設

　13市町の見所や特産品など、担当者それぞれが考えた内容を見せ方を工夫しながら特設サイトに掲載しました。寄附者の方は一度に13市町の地域の特性や特産品を知ることができ、寄附の誘導にも繋がりました。

② 市町の枠を超えた職員同士の学習会

　最低月に一度は担当者会議を行い、普段他市町に聞くことのできないふるさと納税の受付方法、寄附者からの苦情とその対応方法などの情報交換・共有ができ、各市町の取組みに役立ちました。

　また、学習会を開催し、先進自治体のふるさと納税への考え方や取組みについて学ぶ機会を得ました。

③ 新たなファンの獲得のためにバスツアーを開催

　これまでのイベント等で築いた寄附者との繋がりをより深め、新たなファンになってもらおうと、各市町への寄附者の方を対象に13市町を巡るバスツアーを開催しました。担当者はバスに乗り込み自分のまちの見どころなどを紹介し、現地では案内役として参加者をおもてなししました。また、既存のガイドブックには載っていない穴場や特産品の生産者との交流など、普段できない体験に参加者は大変満足されていました。参加者の方に三

バスツアーでの一コマ（紀宝町の三反帆）

重県南部地域の新たな魅力を伝えることができたと自負しています。

ふるさと納税は地域活性化のツール

自治体職員と寄附者が顔を合わせて関係を作ることにより、寄附だけでなくまちを訪れてもらうきっかけ作りができ、それが関係人口増や三重県南部地域のファンづくりの一助になったと思っています。

ふるさと納税は市町の寄附金額、件数の競争ではなく、新たな誘客、販路の拡大など地域の活性化等のきっかけであると考えます。その中で、広域連携はお互いの特色を活かし相乗効果を狙うことのできる、関係人口づくりにおいて大切な役割を果たすものだと考えています。

三重県玉城町職員
中野 雄広さん

POINT

>>> **点と点を結ぶ、を徹底する**

ふるさと納税は点と点を線で結ぶツールでもあります。ふるさと納税は1自治体だけでなく、隣町や文化圏、生活圏が同じ、または県内複数の自治体が広域で取り組むことにより無限の可能性が生まれると思っています。自治体を点ととらえるならば点と点を線で結ぶ役割が県です。自治体が同じ目的で一つにまとまったとき、ふるさと納税はその真価を発揮できるのだと思います。

コロナ禍というピンチをチャンスに！(臼杵市)

コロナ禍でオフラインのイベントが制限される中で、Web
会議ツールを活用し積極的に寄附者との関係性作りに取り組
まれた臼杵市役所の堤さんにお話を伺いました。

コロナ禍を逆手にとったオンラインイベント

大分県臼杵市は、まちや事業者などの魅力を積極的に寄附者に
伝え、継続的な関係性を構築することを目的にふるさと納税イベ
ントへ積極的に参加しています。どうすれば参加者の皆さんに魅
力が伝わるか、毎年創意工夫を繰り返してきました。

そんな中、コロナ禍によりリアルイベントの参加が困難に
……、それでも何とかして寄附者の皆さんと交流して魅力を発信
したいと考え、オンラインイベントを行うことにしました。様々
な不安はありましたが、プロの力を借りるのではなく、自分達だ
けで0から作り上げることにしました。正直、準備も本番もと
ても大変でしたが、プロにはできない「ふるさと納税担当者だか
らこそできる」内容の濃いイベントを行うことができ、その結果
満足度は98％と大盛況のうちに終えることができました。

自分達しかできない経験を活かしたイベントづくり

臼杵市がこのオンラインイベントで力を入れて訴求したのは、
①まちの魅力、②寄附金の使い道のこと、③事業者の想いの3
つです。

陶芸家直伝の陶器の金継ぎ体験会、野菜の試食をしながら農家

さんのお話を聞く会、フグ刺しを食べてもらいながら料亭の女将や料理長と交流する会など、様々なメインコンテンツを用意して、時には現場中継なども交えながら、参加者が飽きずに楽しめるような色んな仕掛け作りをしました。

　これまでの経験上、大人数に対して一方的に発信するやり方では成果を感じることができなかったため、参加人数はコンテンツ内容に応じて10組以内に絞り、参加者と事業者がコミュニケーションを取れる規模感にしました。それによりリアルイベントと同じくらいの距離感を実現し、予想をはるかに超える内容の濃いイベントになりました。

　告知の際にメインコンテンツを前面に押し出していたこともあり、まちや寄附金の使い道の説明は押し付けがましくならない程度にするよう気をつけました。また、「返礼品は覚えているけど、どこの自治体に寄附したのかは覚えてない」という話をよく聞いていたため、少しでもふるさと納税制度の趣旨などを自分ごととして受け止めていただけるように「皆さんが寄附してくださった臼杵市というまちはこんなに魅力的なんですよ」「いただいた寄附はこういう風に活用させていただくことで、まちが発展しています」と気持ちと想いを込めて伝える工夫をしました。

　その結果、「まちのことをもっと知りたい」という声が多く上がり、返礼品ではなく観光スポットをメインコンテンツにしたイベントにも多くの申込みがありました。

農家さんの畑ツアーの様子

驚いたのは、我々が思っていた以上に「まちの魅力」が伝わっていたことです。イベント内容は「事業者」や「返礼品」のことが主だったにもかかわらず、アンケートでは事業者だけでなく「臼杵市のファンになった」「実際に訪れたい」という意見が多くみられたのです。

　我々担当者のイベントにかけるアツい想いがしっかりと伝わっていたことも満足度に繋がったようでした。

普段会えない寄附者との交流を喜ぶ事業者さん

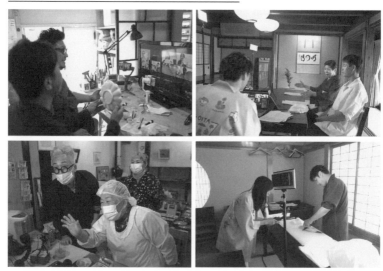

大切なのは目的意識

　これまで色々なイベントに参加してきましたが、臼杵市の場合は即効的な費用対効果はありませんでした。ただ、やり方次第で多くの寄附を集めることはできるでしょう。

　臼杵市の場合、単に寄附を集めるだけのやり方が向いていない

ため、返礼品をきっかけにまちのファンを作るためのツールとしてイベントを活用することにしたのです。まちのファンになっていただければ、返礼品だけでなくまちも寄附の目的になり得るし、リピーターになってもらえる可能性も高まります。

　寄附金額や返礼品ばかりが注目されがちなふるさと納税制度ですが、イベントを通じて多くの寄附者の皆さんと接することで、この制度にどのように向き合うべきか改めて考えることができました。

大分県臼杵市役所職員
堤　大地さん

　オンラインイベントでも目的が明確だったからこそ、画面越しでも、参加者も主催者も満足いくものになったのだと思います。皆さんもイベントをする際は、より有意義なものにするためにも、「何のために」「誰のために」行うのかを明確にすることをおすすめします。

POINT

>>> 人と人との繋がりを大切に

参加者への連絡やイベント内容の構成にあたって心がけたのは、寄附者ファーストの精神です。一つひとつの気配りがファン獲得へと繋がります。寄附者との出会いを大切にしましょう。

関係人口から地域の担い手へ（坂井市）

ふるさと納税を活用して寄附者と継続的な関係づくりを行う
事例について、坂井市役所の小玉さんにお話を伺いました。

百口城主プロジェクトとは

　福井県坂井市では、2008 年より、寄附金の使い道について市
民から事業提案をいただき、市民をメンバーに含む検討委員会で
決定する「寄附市民参画制度」に取り組んでいます。

　坂井市が有する現存十二天守閣のひとつ「丸岡城」について、
お城ファンである寄附者を関係人口に位置づけ、丸岡城の魅力向
上に取り組む事業を「百口城主プロジェクト」といいます。この
取り組みは 2019 年に総務省関係人口創出拡大モデル事業として
スタートしました。本事業の目的は、① 関係人口である「お城
ファンの寄附者」との関係性を構築し、地域の課題を共有し、共
に市政に参画するパートナーを獲得すること。②「寄附市民参画
制度」により関係人口と共同で事業提案を考え、事業を実現する
ことにより丸岡城の魅力アップを図ること、の 2 つです。

百口城主プロジェクトの仕組み

　本事業では、株式会社トラストバンクの「自動継続寄附サービ
ス」を活用し、全国のお城ファンをターゲットに丸岡城に関する
事業への継続的な支援者を募ります。

　寄附を続けていくことで、「設定金額 × 継続月数」の分、城主ポ
イントが貯まります。また、主催のイベントやツアーへの参加でも

ポイントを貯めることができる仕組みです。これは寄附者との関係性を「ポイント」で見える化したものです。累計ポイントに応じて「奉行⇒家老⇒城主」と階級があがっていき、寄附者は城主を目指しながら、ふるさと納税を通じてまちづくりに参画いただきます。

　関係人口は事業の提案者かつ継続的な支援者として位置づけられるため、いただいた提案は、いただいた寄附金をもって実施します。定期的に事業成果を報告することで関係性を継続し、事業実施後も坂井市に足を運んだり、支援を継続いただけるような関係性の構築を目指しています。

百口城主プロジェクト（左）　寄附金の使い道を検討するワークショップ（右）

関係値（参画度）の高め方

　本事業では、潜在寄附者であるお城ファンからはじまり、3つのステップで関係値（参画度）を高め、パートナー層まで押し上げることを目的としています。

【ステップ1】認知……全国のお城ファンに向け、メルマガや丸岡城近辺での周知活動により本事業の取組みを認知していただく。

【ステップ2】共感……都市部で、「一般社団法人丸岡城天守を国宝にする市民の会」との交流イベントを開催し、市民のまちづくりへの想い・取組みについて共有し、共感を誘う。

【ステップ3】参画……関係人口を坂井市に招待し、丸岡城周辺の課題を探るツアー等を開催。また、市民を交えたワークショップで寄附金の使い道を提案することで関係人口の市政参画を実現。

百口城主プロジェクトにより実現した事業

　　これまでの取組みの中で、「レンタサイクル整備事業」（寄附金活用予定額：2,000万円）が、関係人口の提案により実現しました。

寄附金が丸岡城周辺で活用されている様子を実際に見せながら寄附金の活用実績について報告していくことで、丸岡城が関係人口の提案により変わっていく様子を届け、今後も継続した関係を構築していきたいです。

福井県坂井市職員
小玉　悠太郎さん

レンタサイクル整備事業

POINT

>>>　**継続的なつながりを**

関係人口との交流を深め、地域への愛着を深めていただくことのみならず、ミッション（百口城主の場合は事業提案）により、関係人口を「地域と多様に関わる地域の担い手」へと昇華させていくことが求められます。

6章

地域のためか考える！

ポータルサイト・中間事業者活用

各種ポータルサイトの特徴

どんなポータルサイトがあるの？

　2022 年現在、ふるさと納税の申し込みを受け付けるポータルサイトは 30 以上存在します。現状、各自治体が独自にポータルサイトを運営する例は極めて少なく、あっても中々寄附を集めるのが難しい状況です。そこで、大手 EC サイト運営会社、旅行会社、広告会社、鉄道会社などあらゆる分野から、ふるさと納税ポータルサイト運営事業に参入する会社が増えています。

　北本市では、2022 年 12 月時点で、「ふるさとチョイス」「楽天ふるさと納税」「さとふる」「ふるなび」「ANA のふるさと納税」「auPAY ふるさと納税」「JREMALL」「ふるさとパレット」「ふるさと本舗」「セゾンのふるさと納税」の 9 サイトを運用しています。一部寄附の伸びていないポータルサイトもあり、導入後の効果検証もしっかり行い、最適な利用数を確保しましょう。

　株式会社ふるさと納税総合研究所の「ふるさと納税調査レポート」によると、自治体のふるさと納税ポータルサイト利用数は最高が21、全自治体平均でも約 4 とあり、ポータルサイトの複数利用が一般的になっていることがわかります。

　次表は、既存のポータルサイトの抜粋です。

手間・コストと効果を天秤にかける

　ポータルサイトごとにそれぞれ特徴があります。また、寄附額を伸ばしていくためには、寄附の入口を増やし、決済手段を多様に用意することも重要です。自分の自治体に合ったポータルサイトを導入していきましょう。

ふるさと納税ポータルサイト抜粋

ポータル サイト名	運営会社	登録 自治体数	特徴
ふるさと チョイス	(株) トラストバンク	1,642	2012年開設のふるさと納税の老舗 情報量が豊富
楽天 ふるさと納税	楽天グループ(株)	1,409	大手ECサイト楽天が運営。楽天ユーザーをふるさと納税に誘導できる。
さとふる	(株)さとふる	1,113	広告戦略 中間事業まで一括して行う
ふるなび	(株)アイモバイル	899	ふるなびプレミアム（専任コンシェルジュによる寄附プランの提案・申込代行）、ふるなびトラベル（寄附するとポイントが付与され、現地で体験や旅行に使用可能）
ANAの ふるさと納税	全日本空輸(株)	616	全日空商事が運営 ANAユーザーに広く周知が可能 1円＝1マイルに変換
auPAY ふるさと納税	auコマース&ライフ(株)・KDDI(株)	312	大手通信会社のため会員数が豊富 ポイントシステムとの連携アリ
三越伊勢丹 ふるさと納税	(株)三越伊勢丹ホールディングス	189	百貨店の特性を生かし、店舗での寄附受付も実施
セゾンの ふるさと納税	(株) クレディセゾン	184	クレジット会社が運営 永久不滅ポイントが付与
ふるさと プレミアム	(株)ユニメディア	174	従業員が会社からふるさと納税ができる「オフィスでふるさと納税」という福利厚生サービスを展開
JRE MALL ふるさと納税	東日本旅客鉄道 (株)	168	駅構内でのイベント、プロモーション多数あり JREポイントが付与
JAL ふるさと納税	(株)JALUX	158	地域のコラムが充実 100円＝1マイルがたまる
ふるさと パレット	東急(株)	128	東急沿線ユーザーにアプローチ可能 沿線自治体との共同返礼品開発
ふるさと本舗	(株)ふるさと本舗	121	ふるさと納税のみを事業として展開 ポイントキャンペーン
ふるラボ	朝日放送テレビ (株)	84	テレビ局が運営 番組タイアップ、動画でのコンテンツが豊富
ふるさと ぷらす	(株)エスツー	68	秋田に本社を持つIT会社が運営
ふるさと納税 ニッポン！	アイハーツ(株)	44	ふるさと納税専門誌が運営するサイト 返礼品の取材記事が豊富

出所：「株式会社ふるさと納税総合研究所調査」(2022年6月時点)を基に筆者作成

6-2

ポータルサイトの導入・告示

ポータルサイトの導入はどう決めていく？

　前項で示したとおり、ふるさと納税ポータルサイトは数多く存在するため、どのポータルサイトを導入すればいいか、いくつ導入すればよいか、また、起案時にどのような理由付けで決裁を進めればいいか迷うことが多いでしょう。

　北本市の場合は、下記の内容を基準に導入するポータルサイトを決定していました。

① 北本市への潜在寄附者層へ訴求できるか、マッチするか

　北本市の場合、高額寄附者層が多い傾向にありました。そのため、ポータルサイトの選定にあたって、高額寄附者層向けのサービスを展開しているかどうかも導入の基準のひとつとなっています。

　また、寄附者層が首都圏に多いことから、北本市の名前の露出を高めるため、首都圏に沿線を持つ鉄道会社が運営するポータルサイトを導入し、鉄道会社の沿線に広告・プロモーションを展開することで、潜在寄附者層へのアプローチを行っています。

② 広告を実施可能か

　北本市では、「JREMALL ふるさと納税」や「ふるさとパレット」といった、鉄道会社が運営するポータルサイトを導入しています。

　鉄道会社が運営するポータルサイトのメリットとしては、駅構内でのイベント開催や、電車内での広告掲出が実施されます。また、イベント実施費用・広告費用が無償であることもあります。

　これにより、各沿線に住む寄附者へのアプローチを行うことが可能となり、寄附額増加だけでなく、北本市への来訪者・移住者獲得にも効果的です。

③ ふるさと納税 do と連携可能か（API 連携）

　北本市が使用している寄附管理システム「ふるさと納税 do」との API 連携が取れるポータルサイトを導入することで、寄附情報の管理が一括で行え、職員の事務処理の効率化に繋がりました。

④ 埼玉県内の自治体が未参加又は参加者が少ない

　埼玉県の場合、ポータルサイトの導入が他都道府県より進んでおらず、埼玉県内の自治体が参加していない又は参加していても数が少ないことが多くありました。こうしたポータルサイトの場合、埼玉県内の自治体の寄附件数・寄附額を伸ばそうとしているため、ポータルサイトを運用するにあたり、手厚いフォローを受けられる場合があります。

導入時の「指定納付受託者制度」に則った指定・告示

　「指定納付受託者制度」とは、地方税等（ふるさと納税を含む）の歳入を納付しようとする者が、クレジットカード等により納付しようとする場合に、地方公共団体の長が指定する事業者に納付を委託することによって当該歳入を納入できる仕組みです。

　地方自治法の一部改正（令和 3 年法律第 7 号）により、クレジットカード決済やスマートフォンアプリ等を利用した納付が「指定納付受託者」による納付方法として新たに規定されたことから、ふるさと納税においても、各ポータルサイトでクレジットカード決済等を扱う事業者を「指定納付受託者」として指定し、告示を行うことが必要です。

　このため、ポータルサイトを導入した場合には、地方自治法第 231 条の 2 の 3 第 1 項の規定により、クレジットカード決済等を扱う事業者を指定・告示することとなります。

　指定・告示の方法は自治体によって異なるようです。これまでのやり方を踏まえ、疑問があれば法務・会計担当に適宜確認し忘れずに実施しましょう。

中間事業者のメリット・デメリット

中間事業者への業務委託が増加している理由

　ふるさと納税において、募集の経費は50％以内に収めなくてはいけません。それを踏まえて、改めて各自治体の経費を大まかに整理してみると以下のようになります。

---

　① 返礼品費用：30％

　② 各ふるさと納税返礼品掲載ポータルサイト手数料：10％

　③ その他（返礼品送料、広告費、収納手数料）：2 ～ 5％

　経費①～③は、ふるさと納税をするうえで基本的にはどの自治体も支払っている必要経費です。その必要経費を差し引くと、**50％までは残り5 ～ 8％**となることがわかります。

　この残り5 ～ 8％でふるさと納税寄附額を最大化するために取る手段として多くの自治体が利用しているのが、中間事業者へのふるさと納税業務の委託です。

　経費をいくらかけようが、それ以上にふるさと納税寄附額が伸びれば自治体の財政的には問題ありませんし、外部委託を行えば職員の業務負担を減らすことができます。しかも、ふるさと納税は制度のルールも細かく、さらに返礼品を上手く撮影し、効果的にPRしていく等、自治体職員が通常持ち得るスキルではすぐには立ち向かい辛い面もあり、外部委託が最も妥当なように見えます。

安易に中間事業者へ外部委託しない

　では、自治体として安易に中間事業者への外部委託を選択して良いのでしょうか？　私は、安易に選択すべきではないと考えます。

ふるさと納税業務が自治体の手から完全に離れてしまった場合を考えてみましょう。実際、新しくふるさと納税担当になった方の中には、異動当初からふるさと納税業務が外部委託をされていて、実務経験を積んでおらず、全体の具体的な業務内容がわからない方も多いのではないでしょうか。

　その場合、仮に中間事業者の動きが悪く、管理を自前に戻したいと思っても業務内容がわからず業務を取り戻すことは容易ではありません。また、そもそも現在の中間事業者のパフォーマンスに対して適正な対価が支払われているのか、過剰な対価となっていないか判断することもできなくなってしまいます。

　中間事業者へ委託している自治体の職員から、中間事業者の動きが悪く地域事業者ともめている、新たな返礼品発掘をやってくれない、寄附者への問い合わせ対応が悪く問題が大きくなってから自治体に丸投げする、寄附額の大きい事業者のみページを改善するなど対応に差をつける、撮影した写真素材を自治体に提供せず他の中間事業者に変更できないようにする……などといった悩みを聞くこともよくあります。

　そういった場合でも、市側のノウハウがなければ、ひたすら中間事業者の言いなりになるか、やる気のない事業者でも付き合い続けなくてはならない状況になることも考えられます。それは自治体にとっても地域事業者にとっても大きな損害です。このように、外部委託には全て任せられる、自分達にはないスキル・ノウハウが発揮されるというメリットもありますが、逆にデメリットが発生するリスクもあるのです。

　現在は優れたふるさと納税管理サイトが存在しており、自治体の自主運営も問題なくこなすことができます。安易に外部委託に走らず、まずは自分達で業務をできるようにすること、また仮に外部委託をしたとしても、職員も業務を行えるよう中間事業者に実務研修を行ってもらうなどの努力を行う必要はあるでしょう。

自前でできれば、地元企業にふるさと納税を任せられる

　さらにふるさと納税業務を自治体が自前で実施できるだけのノウハウがあれば、外部委託先にも幅を出すことができます。例えば、ふるさと納税業務を地元企業に落とし込み、委託金やノウハウ、人材を地元に残すこともできます。

　現在は、地域の NPO 法人、観光協会、商工会、まちづくり会社、元地域おこし協力隊などにふるさと納税業務を委託する例も増えてきています。いかに、いただいたふるさと納税寄附を外部に流出させないかを考え、また、後に紹介する事例も踏まえ、自治体自前での運用や地域事業者への委託も是非ご検討ください。

　ここで改めて中間事業者導入の主なメリットとデメリットをまとめておきます。また、地域事業者への委託の際に考えられる課題とその対応についてもまとめました。

■**中間事業者導入のメリット**

・自治体職員の業務量を減らすことができる

・寄附額を伸ばすためのポータルサイトの SEO 対策、写真素材や文章の改善などを行ってくれる

■**中間事業者（地域外）導入のデメリット**

・自治体職員の業務スキル・知識の外部依存

・委託料の外部流出（手数料 8％、寄附 10 億の場合 8,000 万円）

・雇用の流出

・ノウハウ、コネクションの流出

・自社収益のみの追求

■**地域の事業者へ委託するときの課題と対応**

・業務実績のない地域事業者にどのように委託するか

　受託者決定後、引継ぎ期間を 3 か月程度設け綿密に引継ぎ。または、当初のみ、ふるさと納税業務実績のある地域外民間事業者との

協働で事業実施。最終的には自立して運営を行う。

・事業継続に不安がある

　毎月の事業進捗報告会の実施を行う。また、契約書に実施状況に懸念がある場合は契約解除する旨を記載。契約解除後も自治体で運用を継続できるよう自治体職員が業務を理解している状態を維持しておく。

・業者決定の透明性の担保

　後々問題にならないよう、事業者選定にあたっては、公募型プロポーザルを実施。ただし、地域へのふるさと納税の落とし込みを目指し、地域貢献に大きく加点するなどの工夫が必要。

・信頼できる、任せたい地域事業者がいない

　そもそも自治体がふるさと納税を任せたいと思う事業者がいない場合は、新規で立ち上げることも検討。地域おこし協力隊卒業生や、地元で活躍するプレーヤーを集めたまちづくり会社など新たに立ち上げた事業者に任せる事例も増えてきている。

・行政が関わる組織への受託は柔軟性・継続性に疑義がある

　地域商社や観光協会など、行政の出資が入っている団体への委託は、純粋な地域事業者への委託より理由はつきやすい。しかし、行政が関わることで意思決定が遅く、政治・議会の批判材料に使われる場合もあるため、十分に検討を行う必要がある。

POINT >>> 安易に外部委託を決めない

現在、多くの自治体がふるさと納税業務の外部委託を行っていますが、かなり弊害も出てきています。地域にいかにふるさと納税を落とし込んでいくか、使い道等だけではなく、日々業務のあり方についても考えていきましょう。

域内で段階的に委託が進む（北本市）

域内企業に段階的に業務委託が行われたことで、大切な寄附金やノウハウ・コネクションが域内に蓄積された事例を紹介します。

市業務への関わりは中心市街地活性化事業

「合同会社暮らしの編集室」は、2019年に北本市が埼玉県と共同で実施した中心市街地活性化事業の中で生まれたまちづくり会社です。立ち上げメンバーの構成は北本市観光協会職員、カメラマン兼イベント企画、建築設計士の3名で、いずれも30代前半でした。

北本市中心市街地活性化事業の中で、空き家・空き店舗調査、屋外仮設マーケット事業の実施等を通し、市からの仕事が増加しました。やがて、取組内容が評価され、シティプロモーション事業にも携わっていきます。

北本市では2020年度まで市役所の職員が自前でふるさと納税業務を行ってきましたが、寄附件数・返礼品提供事業者・取り扱うポータルサイトの増加等により、理想通りに全ての業務をこなすことが困難になりました。

そこで、北本市における最善の外部委託方法を検討しました。中間事業者導入にあたり重要視したポイントは次の3つです。

① **本当に市を考え動いてくれる事業者に外部委託する方法は何か**
② **現状の体制から無理なく委託（業務引継ぎ）できる方法は何か**
③ **ふるさと納税委託で生じる利益・ノウハウ・人材をいかに域外に流出しないようにするか**

その中で考案された段階的なふるさと納税業務外部委託に沿う形で、公募型プロポーザル等を通し「合同会社暮らしの編集室」へ市からの外部委託が進みました。具体的には、下記の流れです。

■ **Phase.1　2021年度**
・ふるさと納税返礼品の拡充
　（新規参入事業者の発掘、新たな返礼品の開発等）
・返礼品の質、見せ方の改善、返礼品写真撮影会
・ふるさと納税に関わるWEB記事の作成
・寄附者感謝ツアー
・地域金融機関・大学等連携によるふるさと納税推進会合の実施

■ **Phase.2　2022年度**(2021年度実施業務に併せて以下の内容も実施)
・新規ポータルサイトの追加作業
・日々の各種ポータルサイトの更新、改善
・専用コールセンターでの寄附者・事業者への問い合わせ対応
・ふるさと納税専用SNSでの情報発信
・新規参加希望事業者向け説明会
・既存事業者向け返礼品改善説明会
・新聞、WEB等を活用した広告の実施
・毎月の寄附者感謝イベントの実施

このように段階的に業務委託が進んだことで、急激に実施体制に変化が起きず、無理のない外部委託環境の構築に繋がっています。また、市内事業者によるふるさと納税業務実施を実現されたことで、中間事業者委託時のデメリットである、**委託費の外部流出・雇用の流出・域内のノウハウ、コネクションの流出・自社収益のみの追求による地域・事業者・返礼品の取り扱い格差**等を引き起こさずに、可能な限り寄附を地域に還元する体制の構築へと繋げることができています。

委託から自営への切り替え（北九州市）

　ふるさと納税業務を外部に一括委託する自治体が増える中で、逆に一括業務委託から自営にシフトした北九州市役所の内海さんにお話を伺いました。

2年間続けた一括業務委託の見直しへ

　北九州市のふるさと納税は、私が2017年に担当になるまで、ふるさと納税の業務を一括して委託する方法をとっていました。担当前は東京で働いており、その際に北九州市の認知度が低いことを痛感したため、「北九州市をもっと全国に知ってもらいたい」という思いからふるさと納税担当を志願しました。

　担当になってから初めに取り組んだのが委託内容の見直しでした。一括業務委託をしていた2年間は寄附金額が伸びるどころか下がっていた事実や「地元のことは地元の職員が一番詳しい」と常々思っていたこともあり、中間事業者への丸投げをやめ、自治体との役割分担を改めました。

　具体的には、企画やPRなどのクリエイティブ系の業務、そして返礼品の開発や見直しなどは自治体で、バックヤード業務（返礼品の受発注管理など）に関しては中間事業者という形で変更しました。さらに、内部調整を行い、税を所管する部署が担当していたふるさと納税業務をシティプロモーションを所管する企画部門へ移管しました。

ふるさと納税を活用した事業者の意識改革

　事業者まわりを始め、驚いたことが2点ありました。一つは、返礼品に出品していることを知らない事業者、生産者が数多くいたこと、そして、大きなお土産屋さんに卸すだけで自分の商品を自分で発送したことがない事業者がほとんどだったということです。

　そこで、検索エンジンや各種ランキングを駆使し、旬のニーズをつかみ、確かな数値という根拠をもって返礼品事業者のもとを訪ねました。訪問時は、ふるさと納税の出品だけにとどまらせずに、将来的にはEC等への展開を視野に入れたふるさと納税の取組みをしてみてはどうかと事業者に投げかけながら、返礼品提供事業者の開拓、返礼品の開発を行ってきました。委託内容を切り替えた当初は担当が私一人でしたので、業務量的にも大変な状況でしたが、活動の甲斐もあって、取組みを行う3年前と比べて返礼品のラインナップを178品から598品まで増やすことができました。

　寄附金額に関しては、一括業務委託の段階では、年間数千万で推移していましたが、自営にして

北九州市の寄附件数及び寄附金額の推移

から、3年間で約30倍の約12億円近くまで集まるようになりました。

ものづくりのまちという特徴を活かした返礼品開発

　返礼品開発に関して北九州市では、市内に本社、事業所を構えていることを条件としています。ポータルサイトの利用料や決済手数料などを除く最低限の必要経費以外は、すべて市内にお金が落ちる仕組みです。単に、返礼品の数を増やせばいいとは考えておらず、北九州市の特徴である「ものづくりのまち」を生かす返礼品を開発することが大切だと思っていました。

　そんな中、地元の事業者と本市の特徴を活かして生まれたのがアウトドア関連の返礼品です。

　普段は自動車産業用ロボットを製造している事業者と話をする機会がありました。その方々は、キャンプの趣味が高じて、ソロキャンプに適した道具を自分たちでも作れるのではないかと試作品を作っているといいます。そこで、既に返礼品事業者になっていた市内の金型加工を行っている事業者を紹介したところ、市内産のアウトドア用品の製造に繋がったのです。コロナ禍における巣籠り需要やキャンプブームの到来もあり、非常に人気の返礼品となりました。

ふるさと納税をきっかけに生まれたアウトドア用品

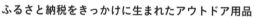

自治体職員がやることに意味がある

　正直な話、委託していてもしていなくても事務自体は回ります。ただ、全国的に業務委託という流れが進む中で、委託すれば簡単に寄附金額が伸びるかというと私はそうは思いません。結果を出している自治体は、やはり職員が汗をかいているんですよね。地元の職員が自身でやることによって、これまで知らなかったまちの魅力に気づき、事業者とも密接な関係性を築くことでいろんなアイデアや活動が生まれるのだと思っています。

　また、自分達でやることによって、地域にノウハウが蓄積されますし、自治体がしっかりと地域に入り込むからこそ、これまで関わることのなかった事業者同士がつながったり、新たなビジネスへつながったりといろんな波及効果が生まれます。

福岡県北九州市職員
内海　友宏さん

　ふるさと納税は、やりがいのある業務です。頑張った結果が寄附金という数字でかえってきますので、モチベーションも保ちやすいですし、何より事業者さんと喜びを分かち合えることも価値だと考えています。だからこそ、委託で丸投げをするのではなく、職員自らがやることに意味があると考えています。

POINT

>>> **制度を活用し事業者やまちの未来を創っていく**

ふるさと納税制度がずっと続く保証はありません。制度に頼るのではなく制度をうまく活用し、事業者やまちの未来を共に創っていくのが自治体の仕事だと考えています。そのためには、ふるさと納税に取り組む目的意識をしっかりと持つことが重要です。

中間事業者を立ち上げ（合同会社くりおこ）

地域おこし協力隊卒業メンバーにふるさと納税業務を委託した
事例について、オフィスくりおこの金谷さんに話を伺いました。

北海道栗山町と栗山町ふるさと応援寄附について

北海道栗山町は札幌市から車で約1時間、人口約1万人の農
業が盛んなまちです。

栗山町は海に面していないので、カニやうになど北海道らしい
海産物の返礼品はありません。しかし、毎日の献立をグンとおい
しくする素晴らしい食材や、職人の技や生産者の心意気が感じら
れるあたたかい品など、ジマンの返礼品はたくさんあります。

特に人気の品が赤肉メロンや玉ねぎ、お米などの農産物です。
ふるさと栗山町をいつまでも活気あふれるまちにするため、ふる
さと納税を通じてまちの魅力を全国に発信し、一人でも多くの「栗
山ファン」を増やせるよう日々励んでいます。

多岐にわたる中間事業者の仕事

栗山町では、2019年4月より「合同会社オフィスくりおこ」
が中間事業者として栗山町役場から業務委託を受けています。

寄附者からの問い合わせ対応、日々の寄附受付業務、寄附金受
領証明書の発行、事業者への返礼品発注、返礼品の配送管理、イ
ベント出店、ふるさと納税パンフレット作成、PR業務など……
契約や税金控除といった自治体でしかできない業務以外のことは
ほぼ弊社で担当させていただいています。

栗山町のふるさと納税業務の委託に至るまで

「合同会社オフィスくりおこ」は、当時現役栗山町地域おこし協力隊だった、石井と高橋が2018年に立ち上げた地域商社です。

2人が着任した2016年度の時点で、栗山町ではふるさと納税業務の外部委託を検討しており、起業までの2年間は、石井がふるさと納税業務、高橋が観光やPR業務に従事しました。しかし、着任当初はなかなか任期満了後の活動の見通しが立ちませんでした。そこで改めて町担当者と「任期満了後も栗山町に定住すること」でふるさと納税業務を引き続き担う合意形成を行い、本格的に起業に向けて事業計画の作成を行いました。

そして2018年4月、飲食店・ゲストハウス運営（自社事業）とふるさと納税業務（委託事業）の2本柱で「合同会社オフィスくりおこ」はスタートしました。立ち上げと同時に新しい仲間として2名が地域おこし協力隊に着任し、ふるさと納税業務委託の試運転を1年間行った後の2019年4月、正式に中間事業者として走り出しました。

地域おこし協力隊と自治体職員間の共通認識

地域おこし協力隊は新しい土地に移住して、新しいお仕事を始めるわけですが、ふるさと納税業務に限らず、その地域で仕事を続けていけるかどうかは向き不向きがあります。まずは、地域おこし協力隊としての3年間を通してそれを見極める時間がある、ということは大きなメリットです。石井、高橋が過ごした地域おこし協力隊としての3年間は、「1年目：まちを知る・ひとを知る」「2年目：任期満了後の事業計画と準備」「3年目：起業、事業の試運転」というものでした。今振り返ると、業務委託前の試運転

がとても大切な時間だったと感じています。「自治体担当職員から業務を教えてもらった」というよりも、「自治体職員と共に仕事をした」という感覚に近いです。事業者との関係性やふるさと納税事業への想い、寄附者への感謝の気持ちなど、マニュアルや口頭では示すことのできないものを感じ取った期間でした。さらに言うと、当時の担当職員に事業者との関係性や事業への想い、感謝の気持ちがあったからこそ、私達も覚悟を持ってこのお仕事を受託することができたのです。自治体側が人手不足のため地域おこし協力隊に業務を丸投げし、地域おこし協力隊側は言われるがままの受け身……という状態ではなかなかうまくいくことはあ

合同会社オフィスくりおこメンバー　右から金谷さん、高橋さん、石井さん、（旧メンバー）井上さん

りません。

　栗山町は「ふるさと納税は"まちづくり"のためであること」を共通認識として持ちながら業務委託に至ったことが大切なポイントなのだと感じています。

POINT >>> **地域ごとに適したスタイルで**

ふるさと納税を地域おこし協力隊に任せる体制を作った栗山町の事例は、地域おこし協力隊が任期後そのまま住み続け、継続的にふるさと納税を通して地域活性化に関わることのできる状況を構築した事例です。地域にふるさと納税を落とし込む一つの形を示してくれています。

7章

ふるさと納税の本質！

未来を見据えた
寄附金の使い道

7-1

使い道・未来への投資先を考える

ふるさと納税の意義のおさらい

第一に、納税者が寄附先を選択する制度であり、選択するからこそ、その使われ方を考えるきっかけとなる制度であること。

それは、税に対する意識が高まり、納税の大切さを自分ごととしてとらえる貴重な機会になります。

第二に、生まれ故郷はもちろん、お世話になった地域に、これから応援したい地域へも力になれる制度であること。

それは、人を育て、自然を守る、地方の環境を育む支援になります。

第三に、自治体が国民に取組をアピールすることでふるさと納税を呼びかけ、自治体間の競争が進むこと。

それは、選んでもらうに相応しい、地域のあり方をあらためて考えるきっかけへとつながります。（総務省 HP より）

　繰り返しになりますが、あらためて、ふるさと納税の理念を読むと「寄附金の使途」を最重要視していることがわかります。

　しかしながら、現在のふるさと納税は、「お得で訴求し続けることで、お得を求める寄附者を増加させる」状態、つまり、ふるさと納税に「お得」というイメージを刷り込んでいっているとも言えます。ふるさと納税の情報量を 100 と考えたとき、自治体および各ポータルサイトが発信している情報のうち 99 が返礼品です。このままだと、制度の構図は変わらないと思います。

■**理想の状態**……ふるさと納税は地域を応援する制度
■**現実の状態**……ふるさと納税はお得な制度

このように、ふるさと納税のイメージの影響もあり、節税、お得、返礼品というところに注目が行きがちです。

お金があればいいまちづくりができるのか

制度が始まってから 2021 年度までの 14 年間で自治体に寄せられた寄附金額は、約 3 兆 4 千億円と膨大な金額になっています。このうち、直近 5 年では、これまでの累計寄附金額の約 84% の約 2 兆 8,700 億円という寄附が自治体に寄せられています。

単純計算で直近 5 年間の金額を地方自治体の団体数で割ると約 16 億円もの金額が自治体に寄附されていることがわかります。自治体職員であれば、この金額がいかに大きいか、わかりますよね？

財政難という状況から、ふるさと納税に力を入れている自治体も少なくありません。では、お金があればいいまちづくりはできるのでしょうか。お金がないからまちづくりができないという幻想に陥っているのではないかと感じることがあります。

ふるさと納税でまちが変わったという事例を、みなさんはどれくらい聞いたことがありますか？ ふるさと納税の返礼品の情報はメディアや自治体の発信を通して見たことはあっても、目に見えるような変化をもたらしたまちづくりの事例はあまり聞いたことがないと思います。そうです。まちはそんな簡単には変わらないのです。まちづくりに特効薬がないのと同じで、時間がかかることは確かです。ですが、ふるさと納税をきっかけに、小さな変化のうねりは全国各地で起きています。では、この小さなうねりをもっと大きくするために何ができるのか。ここをしっかりと各自治体が考えなければいけません。

ふるさと納税の使い道を発信できない現実

では、これだけ多くの寄附を集めるようになったふるさと納税が、本当の意味での寄附制度として機能するためにはどのようにしてい

けば良いのでしょうか。そもそも、ふるさと納税には使い道に注力できない背景があります。

① 制度創設当初は、現在のように返礼品ありきの設計ではなかった
→いわゆる「善意の寄附」が大前提。しかも、制度創設から数年は、いわゆる地元出身者に寄附を呼びかける自治体が最も多かった。

② 制度創設当初から制度設計が変わっていない
→そもそも多くの自治体が制度創設当初に右に倣えで始めたため、自治体ごとの特徴はほとんどない。また、出身者を対象に設計しているため、現在ほどの寄附獲得ができる制度として設計されていない。

③ 使い道のほとんどが総合計画に掲げる基本目標
→ふるさと納税の使い道は、総合計画などに掲げる基本目標であるため、どんな施策にも利用できる、いわば自治体にとって「都合の良い財源」と化している。

また、寄附をする際、「首長にお任せ」という使い道を設定している自治体が多く、さらに、自治体の好きに使ってもらったほうがよいと「首長にお任せ」を選ぶ寄附者が半数近くいるという実態もあって、ますます自治体にとって寄附金は「都合の良い財源」と化しています。

このような背景から、自治体にとって寄附金はいかようにでも使える財源のため、寄附金の具体的な使い道を後から考える自治体が多く、「とりあえず寄附を集める」というように「寄附金集めが先行」してしまっているのです。

そのため、本来、しっかりとPRすべき寄附の使い道について各自治体は、「寄附者にお伝えできるような活用ができていない」「財政部署が何に使っているか把握できていない」などと使い道を発信したくとも発信できない現実に陥っている状況にあります。

返礼品競争から脱却するために

　このように、ふるさと納税制度の創設当初、自治体はこれほどまでの膨大な寄附金額を集める制度として想像できていませんでした。しかしながらポータルサイトの出現により、ふるさと納税市場がみるみる大きくなった結果、ふるさと納税でどう寄附を集めるかが先行してしまい、寄附金をどのように活用していくかが二の次になってしまっているのです。

　この状況から脱却するためには、寄附金を有効的に活用する仕組みづくりが重要で、制度開始から十数年が経過した現在、制度を再設計する時期に来ていると考えます。しかしながら、この再設計が非常に難しく、どの自治体も財政難と言われる中で、使い勝手の良いふるさと納税の財源を特定の目的のために使う財源にするとしたら、財政部署との軋轢も生まれますし、内部調整は容易ではないでしょう。

　全国の多くの自治体では、寄附を集める部署と寄附を活用する部署が一体となっていません。そのため、ふるさと納税の意義や、全国から寄せられる寄附の重み一つひとつが、使い道を決定する部署で認識されていないのです。

　ふるさと納税担当として、もちろん、事業者・生産者と連携しながら寄附を獲得することも重要ですが、この寄せられた寄附金をどう活用するか、その仕組みづくりをすることこそがふるさと納税担当の最も重要な役割です。

POINT ≫≫ **使い道で共感を集めよう**

ふるさと納税担当最大の腕の見せ所は、いただいた寄附や支援の気持ちをいかに形にしていくかです。お金だけ集めて評価されて満足しないように気をつけてください。

制度による地域づくり（佐賀県）

寄附を使う NPO 等の団体が自ら共感を集め寄附を募る。この仕組みで多くの共感・寄附を集めている佐賀県庁県民協働課にお話を伺いました。

「NPO 等指定寄附金」ってどんな仕組み？

　佐賀県ではボランティアグループや NPO 法人など市民が主体的に社会活動を行う団体（志縁団体）と、地域住民で構成された自治会や婦人会などの団体（地縁組織）とを総称して「CSO」(Civil Society Organization) と呼び、多様な主体による自発的な地域づくりを推進しています。そんな CSO の活動を支えるために、佐賀県が 2015 年度から導入したのが、ふるさと納税を活用した「NPO 等指定寄附」という制度です。

　ふるさと納税を活用して NPO 等を支援する取組みは他にもありますが、①寄附者が県内の CSO を指定して寄附ができる、②県は返礼品を一切準備しない、③県は寄附者が指定した CSO に対し、寄附額の 90％を交付するという他とは異なる特徴があります。

　つまり、ふるさと納税を活用したい CSO は、自分達の活動について自分達で情報発信しなければならず、もし返礼品を用意するのであれば、総務省の基準を満たす魅力ある県産品を自分達で調達しなければなりません。県は CSO のこうした努力により、多くの人々から共感を得ることができれば、県を通じて相応の資金が CSO に集まる仕組みを提供しているのです。

　もちろん、寄附金の交付は県の審査を受けますが、CSO は全国から集まった寄附金を幅広い経費に充てられます。

寄附者とCSOとの懸け橋になる

　この仕組みを活用するCSOからは、「これまでは取り組むこともできなかった事業が、ふるさと納税のおかげでできるようになった」といった喜びの声が寄せられています。また、返礼品のためにふるさと納税をしたことがきっかけで寄附先のCSOの活動に関心を持ち、その後、継続的に応援するようになった寄附者も見られるようになってきています。

　NPO等指定寄附を活用しているCSOは、仕組みを導入した2015年度はわずか14団体でしたが、現在は107団体（2022年9月末）となっており、その活動分野も多岐に及んでいます。また、団体数の増加に比例して寄附額自体も年々増加しており、2021年度の寄附額は9億円を超えました。本県へのふるさと納税の大半がこの仕組みによるものです。

　「これまで税法上の控除等がないためにCSOへの寄附に抵抗を感じていた人々が、佐賀県のNPO等指定寄附の仕組みを利用することで税控除が受けられるようになり、CSOへの寄附がさらに身近なものとなった」という声も届いています。

　多くのCSOが精力的に活動しているこの時代、応援したいと思っている方々は決して少なくありません。また、居住地や健康

佐賀県ふるさと納税スキーム

問題などのために、CSO の活動をボランティアとして支援することは難しくとも、寄附でなら応援できるという方もいらっしゃいます。NPO 等指定寄附は、このような方々と CSO をつなぐ懸け橋になっています。

企業誘致ならぬ「CSO誘致」

佐賀県では、こうした仕組みを活用して、企業誘致ならぬ「CSO誘致」というユニークな取り組みも行っています。これは、県外で活躍する CSO を本県に誘致することで、県内への人材の流入や雇用を生み出すとともに、県内 CSO が誘致 CSO との交流や連携等を通じて、課題解決能力や資金調達力の向上などを図ることを目的としています。

2022 年 9 月末時点で 12 の CSO を誘致し、NPO 等指定寄附を通じて集めた寄附金などを活用して、誘致 CSO の強みを生かした活動を行っています。

例えば、誘致 CSO の「一般社団法人こども宅食応援団」は、「こども宅食」（経済的に厳しい子育て家庭に定期的に食品を届け、必要なときには支援に繋げる見守り支援）の経験のない県内 CSO に、豊富なノウハウを提供することで伴走支援を行っています。

これまで以上に透明性を確保することが必要

NPO 等指定寄附の仕組みを通じて CSO 活動を応援していただいている寄附者の想いに応えるためには、何よりも寄附者に信頼される制度運用をしていくことが重要だと考えます。

近年は、寄附先となる CSO の数や寄附額も増加していること

から、特に CSO における寄附金の使途については、これまで以上に詳しく情報公開をして、透明性を確保していきたいと考えています。

　寄附者の皆様からの想いを大切に、佐賀県は今後も NPO 等指定寄附を活用しながら、多様な主体による自発的な地域づくりを推進していきます。

これまでに佐賀県に進出した誘致CSO（2022年9月末時点）

	団体名	進出	主な活動内容
1	NPO法人ダイアログ・ジャパン・ソサエティ	H27年8月	・主に小学生を対象とした体験型イベント「ダイアログ・イン・ザ・ダーク」の開催
2	公益社団法人Civic Force ※NPO法人アジアパシフィックアライアンス・ジャパン（A-PADジャパン）	H28年2月 ※R3年4月に組織体制変更	・九州北部豪雨、西日本豪雨等での支援 ・佐賀市と災害時協定締結 ・「空飛ぶ医師団」（現：ARROWS）(H29.8発足) ・佐賀災害支援プラットフォーム（SPF）での佐賀豪雨支援
3	認定NPO法人ピースウインズ・ジャパン（PWJ）	H28年2月	・伝統工芸（佐賀錦、鍋島段通、諸富家具等）の振興支援 ・九州北部豪雨、西日本豪雨等での支援 ・SPFでの佐賀豪雨支援
4	認定NPO法人　難民を助ける会（AAR Japan）	H28年8月	・国際協力理解啓発講演・シンポジウム、出張講座の開催 ・SPFでの佐賀豪雨支援
5	認定NPO法人ブリッジフォースマイル	H28年10月	・児童養護施設入所者への自立に向けた支援
6	認定NPO法人テラ・ルネッサンス	H29年11月	・紛争地域の復興支援 ・地球的課題に関する講演 ・県内CSOへファンドレイジング手法の移転
7	認定NPO法人日本レスキュー協会	H30年6月	・災害救助犬、セラピードッグの育成、派遣 ・災害時等のペットとの同行避難セミナー・啓発活動 ・SPFでの佐賀豪雨支援
8	一般社団法人こども宅食応援団	H30年11月	・県内の個人や団体へのこども宅食事業の実施支援
9	認定NPO法人市民福祉団体全国協議会	R2年3月	・福祉系NPO等に対する経営サポート及び支援基金の設立
10	一般社団法人　日本カーシェアリング協会	R2年5月	・コミュニティ・カーシェアリングの実施 ・車を使った災害支援、生活困窮者への格安カーリース等
11	認定NPO法人ジャパンハート	R2年11月	・災害支援（県内災害支援団体との連携を含む） ・感染症対策等の啓発活動、グローバル医療人材育成
12	一般社団法人　地域・教育魅力化プラットフォーム	R3年7月	・地域みらい留学参画校の支援 ・地域との協働による公立高校の魅力づくり

出所：一般財団法人地域活性化センター発行「地域づくり（2020 年 12 月号）」
　　　より一部転用

>>> 都道府県だからこそできることを

都道府県としてふるさと納税を効果的に活用している好事例だと思います。都道府県単位でもふるさと納税の適正利用に向けた市町村研修、活用好事例紹介など様々な取組みが増えていくことを期待しています。

市民3原則のふるさと納税（坂井市）

寄附の使い道を事前に市民とともに考え、明確化しておく。
ふるさと納税だからこそ行うべき事業を提示する事例について坂井市市役所の小玉さんにお話を伺いました。

返礼品を選ぶときのようにワクワクしてほしい

福井県坂井市では、2008年のふるさと納税制度の開始当初より、「返礼品を選ぶときのようにワクワクしてほしい」という思いをもって、「寄附金の使い道」を寄附者に具体的に提示することを大切にしています。

寄附金の使い道を市民から公募し、市民をメンバーに含む検討委員会にて決定し、寄附金を募る際は具体的な事業内容、目標額、達成速報値を寄附者に提示しています。まさに、市民3原則「市民の市民による市民のためのふるさと納税」を実施しているのです。この全国唯一の取り組みを「寄附市民参画制度」といいます。

常時クラウドファンディング状態

「市民が寄附を通じて誇りを持って市政に参加してほしい」という思いのもと、議員発議によって2008年4月1日「坂井市寄附による市民参画条例」が制定されました。寄附金を募る事業を市民が提案し、その決定にまで市民の意思を反映させる条例は、全国でも例がなく、寄附を通じて市民の政策参加を可能にすると同時に、寄附金の使い道を明確化しています。

当条例の特徴は、次の3点です。

① 寄附金の使い道は市民公募の中から決める。

② 使い道の決定は、市民をメンバーに含む検討委員会が行う。

③ 具体的な事業内容、目標額、達成速報値を寄附者に提示し、
　寄附金を募る。

　③については条例で明文化されているわけではありませんが、
制度設立当初よりそのように運用しており、いわば「常時クラウ
ドファウンディング」状態で、具体的な事業を寄附者に提示し寄
附金を募ってきました。

市民から提出された事業提案書

寄附市民参画基金検討委員会の様子

ふるさと納税で市民の提案を実現

　寄附市民参画制度により、これまで延べ66件の市民提案事業が採択されました。

　坂井市に定住する若者の奨学金返済について、上限100万円を支援する坂井市定住促進奨学金返還支援制度、空き家を活用した起業家支援、スマート農業の推進、地域住民による地酒造りプロジェクト、認知症早期発見のための検査など、多数の市民提案事業がふるさと納税のおかげで実現できています。

坂井市定住促進奨学金返還支援制度　　**市民提案により誕生した地酒「淵龍」**

寄附者に共感される寄附金の使い道とは

　市民から具体的な寄附金の使い道を募る坂井市では、事業提案書を検討委員会に提出する過程で、ふるさと納税の担当課や事業担当課が市民から受けた提案内容を提案者に伴走する形でブラッシュアップしています。

　その際、寄附者から共感される事業となるために次の3点に

気を付けています。

> ① そもそも市がやるべき事業でないか
>
> ② 坂井市ならではの地域性があるか
>
> ③ ハッピーになる人の顔が浮かぶか

福井県坂井市職員
小玉　悠太郎さん

全国から寄附金を募るということは、一般財源では実現が難しい事業であるべきです。また、地域性があり、寄附者が支援した結果ハッピーになる人の顔を思い浮かべることができるような内容でなくては寄附者の共感は得られません。

POINT

>>> **共感のポイントを示す**

市民から提案された事業であるからこそ、地域の課題を寄附者に提示し、共感による寄附を募ることができます。ポータルサイト上で寄附を募る際は、寄附者に共感されるために必要性や地域性を明示する必要があります。

事 例

島の未来に投資する未来共創基金（海士町）

ふるさと納税と官民による伴走支援で新たなチャレンジを促す事例について、海士町役場松田さんに伺いました。

ふるさと納税を活用するため、未来共創基金を設立

　島根県海士町では、ふるさと納税の寄附金の一部を原資とした、島の未来に投資する「未来共創基金」を 2020 年度に設立しました。この基金の構想は 2019 年度からスタートし、取り組みが実際に運用され始めたのが 2020 年度になります。

　この取り組みが行われた背景の根幹には、島の産業の弱体化があります。高齢化による廃業や地元での継業ができていないという現状があり、次世代に何を繋げるか、何を残せるかという課題を抱えていました。

　次の世代が自分の可能性を追求できる魅力的な産業を築くことが、これから先 5 年間の島の大きな課題ととらえ、そのために「正々堂々と自分達で失敗しながらチャレンジして、その姿を応援されるプロセスで進めたい」ということが一番最初の背景としてありました。

　そこから、島外の方からも応援されるためのリソースとしてふるさと納税を活用し、ただただ積み立てられるだけであった寄附金の条例を変え、活用できるようにして設立したものが「未来共創基金」です。

未来共創基金の支援の流れ

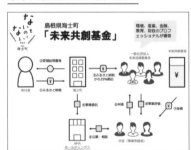

伴走システムで事業化までを支援

　未来共創基金で大きなポイントとなるのが、事業の種（アイデア）を新規事業まで繋げる伴走システムです。事業者には伴走するスタッフが配置されます。伴走するスタッフは、様々な分野の島内外の経営者や役場職員が担い、相談計画、遂行、投資審査、運用までしっかりと伴走します。事業者の思いや考えを事業に落とし込みながら一緒に伴走することで、島民の熱量やチャレンジを取りこぼさないシステムを構築しているのです。

　未来競争基金は、官民により運営される基金です。だからこそ、従来のガチガチに固められた補助金とは違い、行政の手厚いサポート、柔軟でスピーディーな支援を行うことができます。そうして、島の魅力的な人が魅力的な挑戦をできるよう、島民一人ひとりにチャレンジのための扉を開いているのです。

未来共創基金の伴走システム

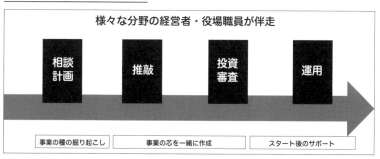

申請条件は「島の未来につながる500万円以上の案件」

　この基金は、島の未来につながる魅力的な島民の魅力的な挑戦に対して審査を行い、事業が動き出すまで官民が連携して挑戦者に伴走するという特徴があります。事業を審査する審査員には、

環境、一次産業、金融、教育などのプロフェッショナルが並び、単に、利益の追求だけでなく、島への影響を審査の基準としています。

　そのため、申請条件は実にシンプルで「海士町の未来につながること」、そして「500万円以上の申請であること」。この2つだけです。銀行の融資と比較して少し違うところは、そのビジネスに対して融資をするのではなく、あくまで熱量に投資をするというところです。どれだけ島のために貢献できるのか、どれだけ本気で考えられているか、そこが問われます。また、500万円以上の案件となりますので、それなりに大きな事業を生み出すこととなりその覚悟があるかが重要なポイントになります。

動き出した2つのプロジェクト

　この基金の取り組みに共感し、2つのプロジェクトが動き始めました。1つは、「海が好きになるマリンボート事業」です。遊漁船をはじめとするマリンボート事業を展開し、海士町の観光コンテンツの充実を図り、観光客の満足度やリピート率をあげることを目的としています。

　さらには、船舶関係者の収入安定化を狙うとともに、島内の若者が海に接する機会を作り、若者にとって海を身近なものにしていくという狙いがあります。

　もう一つは、ナマコ漁師会による「漁港を利用したナマコ資源増殖支援事業」です。ナマコを増やすことで、生態系の復元、海洋環境の改善を狙い、適切な資源管理などを考えながら、未来にナマコを残し自然と共存する姿を維持していく事業となります。

寄附者も未来競争基金の参画者になる

　いただいた寄附金がどのような形で事業に生かされているのか、事業者に反映されているのか、町のためになっているのかが寄附者に伝わるよう、未来競争基金では実績報告・事業報告会を実施しています。ふるさと納税をしていただく方に透明性を持って、しっかりと取り組みを報告させていただくことで、ふるさと納税をしていただく方にも未来共創基金の参画者になっていただきたいという狙いがあります。

島根県海士町職員
松田　昌大さん

　この基金とふるさと納税を通して、島の持続可能性が高まり、官民を超え、島内外を超えて島の未来を共創していくことができると考えています。

POINT

》》 制度は再設計できるのです！

ふるさと納税を単なる財源確保で終わらせず、未来への投資に活用することが重要です。そのためには、しっかりとこの財源を何に活用するのかまち全体で考え抜くことが大事です。

プロジェクトに寄附する

ふるさと納税型クラウドファンディング

　クラウドファンディングとは、自分の行いたいプロジェクト（新しい商品を作りたい、お店を開きたいなど）に対してインターネットを通じて広く金銭的な支援を募るものです。最近皆さんもよく耳にするのではないでしょうか。支援者には感謝状や返礼品などのリターンを提供することが多く、CAMPFIRE、READYFOR など民間で実施するクラウドファンディングも増えています。

　このクラウドファンディングの仕組みをふるさと納税に適用したのが、2013 年にふるさとチョイスを運営する（株）トラストバンクが提唱した GCF®（ガバメントクラウドファンディング ®）です。具体的には、自治体が課題解決のための具体的な事業を提示し、その事業の金銭的な支援をふるさと納税を通して行います。

　通常のふるさと納税と同様、プロジェクトへの寄附は税額控除の対象となります。プロジェクトによっては返礼品が提供される場合もありますが、返礼品を前面に出さず、プロジェクトを前面に出すことで、通常のふるさと納税とは一線を画しています。地域を応援するふるさと納税の趣旨から鑑みて、これこそがふるさと納税で押していくべき新機軸だと私は考えています。

GCF®の実施自体はとても簡単

　では実際、GCF® を始めてみたい場合はどうすればよいのでしょうか。やってみるととても簡単で、ふるさとチョイスの利用者であれば、既存の返礼品登録作業と大差なくプロジェクトページを作成することができます。寄附に対しての手数料も、通常の寄附と同様

の手数料で実施することができます。また実際に始める際には、（株）トラストバンク側に承認を得る必要があります。その代わり、各自治体に担当者がつくので、プロジェクトページ作成方法の相談や寄附を伸ばすための広報の手法についてアドバイスを求めることができます。

　手間や「寄附額が集まらないのでは」という心配はいったん忘れて、まずは一度試してみること、相談してみることをおすすめします。

真価を発揮するのはまだまだこれから？

　積極的に利用を進めたい GCF® ですが、今のところ寄附が多い事業（災害対策、動物保護など）に偏りがあり、効果的な事例は少ないように感じます。

　GCF® を既存の予算化された事業の歳入補填とする事例がほとんどで、ふるさと納税の有無に関わらず同様の内容で事業を実施することが決まっています。その場合、寄附者も寄附の重みが減り、「わざわざふるさと納税を利用して実施する必要があるプロジェクトか？」と疑問を持つでしょう。

　それでも目標額を達成している場合もありますが、寄附者が心から応援したいと思うプロジェクトになる事例は少ないのではないでしょうか。

GCF®ページ

出所：ふるさとチョイス

市民提案型でプロジェクトを決定(北本市)

GCF® のプロジェクトを行政が決めるのではなく、市民や市内団体から募集する事例を紹介します。

市民提案プロジェクトをGCF®へ

GCF® は、いかに共感を得るプロジェクトを生み出していくかが最も大きな課題です。官民連携プロジェクトチームで検討を行う、若手職員に事業提案させるなど、やり方は様々あります。

そんな中、北本市では 2019 年より「市民提案型ふるさと納税クラウドファンディング事業」を実施しています。

これは、市民または市内団体が、自分達のやりたいプロジェクトを北本市に提案し、認定されたらふるさと納税制度を使い、市が援助する仕組みです。

提案があった場合、まず市側が庁内審査会を通し、事業の公益性や継続性、地域課題の解決につながるかを審査します。認定されたプロジェクトに対して、市がふるさと納税で寄附を募り（返礼品はなし）、集まった寄附額を手数料のみ差し引きそのまま補助金として提案者に支給します。

この仕組みで、2019 年から 2021 年度に採択実施されたプロジェクトは 8 件あり、「市内の雑木林を守る拠点施設(ログハウス)を作りたい」「北本市発のアウトドアブランドを設立したい」「災害時でも美味しく・安心して食べれる防災用のクッキーを作りたい」「北本市の歴史・文化をデータで残すアーカイブ事業を行いたい」などバリエーションに富んだ内容となっています。

民間クラウドファンディングに All or Nothing（目標額を達成

しない場合は支援者に返金）形式が多い中、GCF® は **All in（寄附額全額入金）形式のため、仮に少額の寄附に留まった場合でも事業は実施します。**北本市の制度の場合は、事業趣旨さえ守れば規模縮小も可能としているため、規模が縮小されて実施される場合もあります。しかし、提案者の望む規模で実施するためには、事業への共感を生み、寄附を集めていく必要があります。目標額（200万）を２回連続で達成したプロジェクトとして、北本団地活性化プロジェクトがあります。

北本市のGCF®のページ

出所：ふるさとチョイス

GCF®で共感を集めるポイント

　どのように共感を集め、目標額を達成したのか、北本団地の事例を見ると以下の4つのポイントがあげられます。

① 共感の得やすいプロジェクト設定

　北本団地は、2021年で建設から50年が経つ約2000戸の大型団地です。北本市の中でも少子高齢化が最も進んだ地域で、団地の子ども達が通う小学校は2020年に廃校になりました。プロジェクトの舞台となった商店街も、ほとんどが空き店舗となっていました。団地に住んでいる人達、かつて団地に住んでいた人達など、多くの人が寂しい思いを募らせていた場所が舞台となったため、そもそも共感者・支援者になってくれる人が多いプロジェクトでした。

② プロジェクトページの充実

　潜在的な共感者に対し、どのようにプロジェクトを届けるのかというと、まずは、ふるさとチョイスに掲載するプロジェクトページの充実を図りました。提案者の北本団地への思い、プロジェクトの目的と詳細な内容、目標額を達成した時の商店街の姿、プロジェクトに共感する人達の声、こういった内容を写真・動画とともに丁寧に掲載していきました。

③ 役所のバックアップ

　役所としても、主に広報面でバックアップを行います。広報紙へのプロジェクト特集記事の掲載、まだ市民にはなじみのないGCF®制度の紹介、作成したチラシの駅構内や公共施設での配布、市公式LINEやインスタグラムでの情報配信等を行いました。

④ 想定寄附者への直接的なアプローチ

　プロジェクト提案者が想定される寄附者へ直接アプローチすることも非常に有効な手段です。北本団地に暮らす、もしくは暮ら

していた知り合いや、プロジェクトに興味を持ってくれている関係者、団地の管理者や商店街、自治会、役所の関係者等に、直接メールや手紙の郵送を行いました。プロジェクトの成功によるメリットが大きい人達にどう直接アプローチできるかを考えていく必要があります。

GCF®プロジェクト紹介

出所：ふるさとチョイス

> **POINT**
>
> **>>> 共感を集める工夫を**
>
> ふるさと納税の設立趣旨を捉えた企画であるGCF®は積極的に利用していき、返礼品競争からの脱却を図りましょう。成功のポイントは共感の得られるプロジェクトの選択と、複合的な広報活動です。

台風被害にあった事業者を支援（南房総市）

被災時にもふるさと納税を上手に活用することで、事業者や地域を支えることができます。災害復旧支援につなげる事例を南房総市役所の松田さんに伺います。

房総半島台風で事業者に甚大な被害

　2019年の9月9日、千葉県南房総市で、これまでに経験したことがない災害が起きました。房総半島台風（台風15号）です。多くの家屋の屋根が剥がされ、長引く停電、電話回線の遮断、断水などによりライフラインが絶たれ、未曾有の災害となりました。私自身も深夜の避難所で被災された方々への対応を行っていましたが、ずっと頭を占めていたのが、これまで一緒にふるさと納税を盛り上げてきた返礼品提供事業者のことでした。

　避難所のシフトが明けた翌朝からすぐに返礼品事業者の元を訪れたところ、腐敗臭がただよっていました。最高気温は30度を超える過酷な状況下で、返礼品の在庫が水に浸かったり、停電により冷蔵・冷凍品が腐ってしまったり、施設が被災したりと、壊滅的なダメージを受けている事業者ばかりでした。事業者さんは口を揃えて「悔しい」と、そう言っていました。そのとき、「このまま地域が滅びてしまうのではないか」と感じたことを今でも鮮明に覚えています。

思いやり型返礼品（災害復旧支援型）の誕生

　「1日でも早くこの状況を打開したい」と思い東北エリアのふ

るさと納税の支援を行っている中間事業者の登内さんにご連絡したところ、思いやり型返礼品「きふと、」をご紹介いただきました。

　思いやり型返礼品を全国に広めるプロジェクト「きふと、」は、群馬県前橋市・岩手県北上市・株式会社トラストバンクが連携し開始した「思いやり型返礼品」を全国に普及させていくプロジェクトです。社会貢献につながる「自分のためでなく誰かのための返礼品」（支援型、寄贈型、協賛型、参加型の４つがあります）を通して、寄附だけで終わらない関係づくりを目指しています。

　ただ、思いやり型返礼品として受け付けようにも、事業者の皆さんは被災しているので返礼品を送ることができません。そこで、被災した事業者さんに、返礼品として感謝の手紙を書いていただくようにお願いし、被災から９日後、「思いやり型返礼品（災害復旧支援型）」が誕生しました。

「きふと」のしくみ

出所：ふるさとチョイス

登録事業者の選定

　思いやり型返礼品に取り組むためには、何かしらの基準が必要でしたので、すぐさま基準を作成し、また、事業者の被災状況を確認し、「思いやり型返礼品（災害復旧支援型）」として事業者登録していた39社のうち、11社で受付を開始しました。寄附者が支援する事業者を選び１口１万円の寄附を行い、感謝の手紙を発送した事業者には3,000円を支払う仕組みです。

■南房総市で設定した主な基準

・台風による暴風雨、停電、断水等で被災した生産事業者

・返礼品生産事業者として1年間以上登録を継続している者

・返礼品の生産、配送が長期にわたり不可能と思われる者

・お礼の手紙を書き、寄附者に送ることに同意した者

被災した事業者さんのお礼の手紙

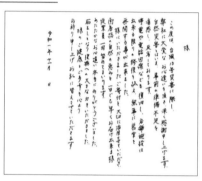

事業者に活力を与えた応援メッセージ

　掲載を開始したところ、365件の寄附申込がありました。さらに、寄附と同時に寄附者からたくさんの応援メッセージを寄せていただきました。応援メッセージをすべて読ませていただき、「何とかこのメッセージを事業者のみなさんにも届けたい」と思い、すぐに印刷して届けに行きました。すると、事業者さんから「またふるさと納税で面白いことやろうよ！」などと前向きな言葉を少しずついただくことができました。台風の被害によって半ば諦めかけていた事業者さんの心に光が差した、そんな気がしました。

応援メッセージの一例

この度は台風による甚大な被害を受けて住民の方および南房総市（祖父母が暮らした街）で働く方の力に少しでもなりたくふるさと納税させて頂きました。1日も早く元の生活に戻れることを願っております。

隣県ですが、千葉の台風被害は想定を超える恐ろしいものでしたね。被害に負けず、力強く再生してください。

千葉県出身です。幼い頃社会科見学や家族とお出かけたくさんしました。頑張ってください。ずっと思っています。

台風の被害で大変だと思います。少しでもお役に立てていただければ幸いです。

災害時におけるふるさと納税の役割

千葉県南房総市職員
松田 浩史さん

房総半島台風を経験し、感じたことは寄附者の応援メッセージには、「苦しい気持ちを前に向かせる力がある」ということです。ふるさと納税制度には自然災害やコロナ禍で苦しんでいる事業者さんを支援できる力もあります。寄附者の皆さんとの関係性が、単に「返礼品での繋がり」とならないように取り組み、この制度を、どのように有効活用するかは、担当に課せられた使命だと思います。

POINT >>> **事業者の被災状況を見極めることは必須**

通常営業に近い状態の被災状況でも「災害支援型で受け付けたい」という事業者は現れます。寄附者に対して誤った情報を提供し、善意を裏切ることにならないよう、被災状況の見極めは必須です。

おわりに　執筆を終えて著者2人の対談

林　黒瀬さん執筆お疲れさまでした。本を書くことの大変さが身に
沁みましたね。改めまして、共著を受け入れていただきありがとう
ございます。ふるさと納税担当者様向けの本を書こうと思ったとき、
今までふるさと納税業界を何とか良い方向に引っ張ろうと努力さ
れてきた黒瀬さんの話は載せなくてはならないと感じていました。

黒瀬　いやあ、本当に大変でした。他の仕事もある中で、皆さんに
届けたい想いを書こうと思うと手も抜けず夜なべしましたね。他の
業界にも興味があって、少しふるさと納税とは距離を置いていた
けど、改めて引き戻してくれて、こちらこそありがとうございます。

林　色々な面で批判もある制度ですが、担当職員として関わって思
うことは、この制度は改めて地域の価値を考え、その価値に大き
な光を当てる、大きな可能性を秘めた制度だということです。

黒瀬　本当にそうですね。でも今は寄附金をいくら集めたか、どれ
だけ見栄えの良い返礼品を出せるか、そればかりフォーカスされ
てしまっている。それ以外のふるさと納税のたくさんの価値を、
この本を読んだ皆さんには感じてほしいと思い、素晴らしい事例
もふんだんに盛り込みました。事例紹介にご協力いただいた皆さ
ん、本当にありがとうございました。

林　執筆の機会をくださった学陽書房さん含め、ご協力いただいた
皆さん本当にありがとうございました。この本をきっかけにふる
さと納税を活かした素晴らしい事例がもっと増えてほしいですね。

黒瀬　読んでもらえれば少し考え方が変わると思うし、是非たくさ
んの人に読んでほしいです。その中で何か一歩踏み出したいと思
えた方は、黒瀬、林にお声がけいただければ一緒に頑張らせてい
ただきます。

林　最後が営業っぽくなった（笑）この本が、ふるさと納税の好事
例が増え、適切に運用が行われ、末永く価値のある制度になる、
その一助となることを願って、最後の締めとさせていただきます。

著者プロフィール

黒瀬 啓介

合同会社 LOCUS BRiDGE CEO 最高経営責任者／
株式会社 UI 代表取締役／株式会社トラストバンク
ふるさと納税エバンジェリスト

1980年長崎県平戸市出身。2000年に平戸市役所に入庁。
2012年4月から移住定住推進業務とともにふるさと納
税を兼務で担当。2013年8月に全国に先駆けカタログ
ポイント制の仕組みを導入し、本格参入した2014年度
には、全国初の寄附金額10億円突破、そして寄附金額
日本一を達成。以降、ふるさと納税の使途を明らかに
した「ありがとう」の動画制作、平戸市ふるさと納税
特設サイトの開設、首都圏における平戸市ふるさと納
税大感謝祭など積極的に事業展開を行う。2019年平戸市役所を退職し、合同会社
LOCUS BRiDGE を設立。2022年4月、株式会社 UI 代表取締役に就任。

林 博司

合同会社 LOCUS BRiDGE COO 最高業務執行責任者／
パブリシンク株式会社代表取締役

大学在籍時、元総務大臣・鳥取県知事である片山善博
教授の研究室1期生として地方自治を専攻。2010年に
北本市役所に入庁。情報システム、広報、財政担当を
経て、2019年からシティプロモーション・ふるさと納
税を担当。シティプロモーションでは、まちへの3つ
の意欲指標（推奨・参加・感謝）を高める「&green」
の取組みを実施。2021年シティプロモーションアワー
ド金賞、2022年全国広報コンクール最高賞である内閣
総理大臣賞を受賞。ふるさと納税では、市民提案型ふ
るさと納税クラウドファンディングの創設、寄附の使い道にシティプロモーション事
業「&green」を設定するなど、寄附額の向上だけでなく、寄附を地域に活かす仕組
みづくりと、その内容の PR を実施。結果、寄附額は1億円から9億円へと向上。
2021年「地方公務員が本当にすごい！と思う地方公務員アワード2021」受賞。2022年
北本市役所を退職し、パブリシンク株式会社を設立。合同会社 LOCUS BRiDGE に参画。
著者への問い合わせ先：info@locusbridge.com

自治体のふるさと納税担当になったら読む本

2023年 3 月 8 日　初版発行
2024年 4 月12日　4 刷発行

著　者　黒瀬啓介・林博司
発行者　佐久間重嘉
発行所　学陽書房
　　　　〒102-0072　東京都千代田区飯田橋 1-9-3
　　　　営業部／電話　03-3261-1111　FAX　03-5211-3300
　　　　編集部／電話　03-3261-1112
　　　　http://www.gakuyo.co.jp/

装丁／佐藤博　本文デザイン／スタジオダンク
印刷／精文堂印刷　製本／東京美術紙工